Jakob Wassermann Tagebuch aus dem Winkel

Jakob Wassermann

Tagebuch aus dem Winkel

Mit einem Nachwort von Dierk Rodewald

Langen Müller

Unveränderter Nachdruck der 1935 im Querido Verlag, Amsterdam, erschienenen Erstausgabe

Umschlaggestaltung: Christel Aumann
Satz: Jung SatzCentrum, Lahnau
Gesetzt aus 10/12 Punkt Linotype Walbaum
Druck: Druckerei Jos. C. Huber, Dießen
Binden: Thomas Buchbinderei, Augsburg
Printed in Germany
ISBN: 3-7844-2130-X

Inhalt

Erzählungen

Aufsätze

Erzählungen

Die Kaunzin

Die Kaunzin wohnt auf dem so benannten Sattel, der Paßhöhe zwischen den beiden Seen, im ansehnlichsten von fünf oder sechs kleinen Bauerngehöften, deren Häuser von weitem mit ihren grauen Schindeldächern und grauen Holzwänden wie heruntergestürzte Felsen aussehen; die Scheunen unterscheiden sich von den anderen Gebäuden nur durch das Fehlen der weißgegipsten Schornsteine. Der Paß ist eine riesige Wiesenmulde; betritt man sie aus der schluchtartigen Verengung, so hat die Welt plötzlich einen großgespannten Himmel, wenigstens in der Schrittrichtung, erst überm Tal drüben beginnt wieder Kuppel um Kuppel aufzusteigen, bis schließlich Felsenwände in blauer Ferne den Horizont von neuem vermauern. Zu beiden Seiten aber erheben sich die Hänge gleichmäßig schroff, links kahl zum steinigen Gipfel, rechts vom ewig schwarzen Wald bestanden.

Vor einigen Monaten hat die Kaunzin ihren

fünfundneunzigsten Geburtstag gefeiert. Sie spricht von ihren Jahren mit Gelassenheit, aber wenn andere Leute sich anerkennend darüber äußern, nickt sie mit einer Art von Stolz und scheint nicht gesonnen, sich das Verdienstliche ihrer Leistung streitig machen zu lassen. Es ist, als wäre sie stolz auf ihren Körper, auf die Arme und Schultern, daß sie getragen haben, was sie getragen haben, auf die Augen, daß sie gesehen haben, was sie gesehen haben, und dabei immer noch hell und freundlich blicken, auf die Füße, die so viele Wege gegangen sind, freilich nur in dieser einen engen Landschaft, bergan, bergab, talwärts, dorfwärts, waldwärts, pflügend, säend, mähend.

Sie hat Kinder, Enkel und Urenkel. Viele sind gestorben. Fast in jedem Jahr einmal ist der Tod erschienen und hat sich einen geholt. Der letzte, den er rief, war ihr Mann, der ist nur sechsundachtzig geworden, wie sie mit einem Ton zwischen Bedauern und Geringschätzung bemerkt. Auch in den Nachbargebieten war ein beständiges Sterben, Jahr für Jahr. Vieh ist aufgewachsen, Jahr für Jahr, und ist weggeführt oder geschlagen worden, Jahr für Jahr. Unzähligemal ist es Frühling und Sommer geworden, unzähligemal Winter mit lang liegendem Schnee bis an die Fenstersimse. Der Föhnsturm ist ihr vertraut, das Brechen des Gehölzes in der Nacht, das dumpfe Gedröhn der Lawinen, das heftige Schlittern der Frühlingswässer. Sie kennt das Tauwettergewölk, die verschiedenen Färbungen, die das kalkige Gestein der Berge vor Regenzeit annimmt, sie weiß, was die Nebel zu bedeuten haben, die am Morgen aus dem östlichen und westlichen Talkessel steigen. Sie hat gewaltige Bäume noch als schlanke Reiser gesehen und ist im Unterland gewesen, als man noch mit der kaiserlichen Pferdepost über schwierige Straßen fuhr.

Sie muß einmal schön gewesen sein, die Gestalt zierlich und ebenmäßig. Noch heute, wo das Fleisch verdorrt ist und die Gelenke ihre Biegsamkeit verloren haben, bewegt sie sich mit einer eigenen tönernen Grazie, befremdend an einer Bäuerin, aus dem klein und hager gewordenen Gesicht mit dem spitzen Kinn und der bräunlich gegerbten Haut schauen adlerhaft ruhige Augen, unbeirrbar wie die Natur und wohl imstande, zu unterscheiden, ob du mit guten oder bösen Gedanken über die Schwelle trittst. Im Sommer kommen manchmal Städter und Städterinnen, die von ihr gehört haben und sie besuchen wollen;

sie bilden sich ein, daß sie es aus Pietät tun, während sie nur schaulustig sind und ihre spaziergängerische Neugier unter lächelnder Herablassung schlecht verbergen. Höflich begrüßt sie die Zudringlichen, mit höflicher Geduld hört sie den unverständigen Reden zu, denn sie erwartet nicht viel von denen, die von da unten kommen, aus einem törichten Leben, aus einer unbegreiflichen Welt. Nein, sie versteht nichts von der Welt der Sommerleute, wo man in regelmäßigen Zeitabständen aus unbekanntem Grund gegen unbekannte Völker blutige Kriege führt, in die auch die jungen Burschen von hier oben ziehen müssen, um entweder gar nicht oder als unbrauchbare Krüppel wiederzukehren; wo man dem Kaiser die Krone wegnimmt, den Grafen und Baronen ihre Schlösser; wo die Weiber alle Jahre andere Männer heiraten, weshalb auch in den ungeheuren Steinhäusern, drin sie zu Hunderten leben, ihres Bleibens nie lange ist, beständig müssen sie sich mit all ihrer Sach von einem ins andere schleppen. Es ist ein ruheloses Wesen; sie hat es mit angesehen; sie war einmal in Wien; vor fünfundfünfzig Jahren hat sie die Fürstin zur Hochzeit ihrer Tochter eingeladen, es war eine große Ehrung für sie. Der Fürst ist wie der Herr hier herum; drüben auf dem Backenstein hat er die Gemsenjagd, er ist oft zur Kaunzin gekommen, nicht anders als wie man zur Nachbarin geht, im Vorüberwandern, hat von der Ernte geredet, von den Steuern, vom einreißenden Unglauben und daß die Sommer mit jedem Jahr regnerischer werden, worüber man eben spricht. Bisweilen haben ihn auch die Frau Fürstin und die jungen Herrschaften begleitet, gnädig gesinnt alle, wenn sie auf der Wiese mit vielem Scherz und Schwatz den Kaffee gekocht hatten, riefen sie die Kinder aus den Gehöften zusammen und verteilten Kuchen unter sie. Seitdem ist ein halbes Jahrhundert vergangen, Fürst und Fürstin sind längst in der Erde, Sohn und Sohnessohn sind auf sie gefolgt, aber es ist nicht mehr dasselbe.

Von jenem Aufenthalt in Wien erzählt sie nicht ungern, nicht weil sie im Hause der Fürstin gewohnt hat und in ihrer urtümlichen Tracht unter den Gästen hat weilen dürfen. Fürstin oder nicht Fürstin, das gibt keinen Ausschlag, da ist in ihrem Gemüt ein gleich und gleich; aber trotz der Kürze der Zeit, fünf Tage im ganzen, ist es in der Erinnerung etwas Mächtiges, vor allem eine Fülle von Rätseln, deren Lösung ihr niemals gelungen ist, trotzdem sie in vielen langen Winter nächten unablässig darüber gegrübelt hat. Man hat sie in die Oper und die Gemäldegalerie geführt, sie war beim Hochamt im Dom, beim Blumenkorso im Prater gewesen, wenn sie davon sprach, schimmerte in ihren einfachen Worten etwas auf wie Marmor und Gold, Fahnen und Lichterglanz; ein Märchen; doch mit der fragenden Zaghaftigkeit (als müsse sie von geheimnisvoll Sündigem berichten), mit der sie heute die Bilder aus der Vergangenheit hebt, mit dem leisen, zweifelnden Kopfschütteln und dem tiefen, unerklärlichen Argwohn in den Augen mag sie auch damals, was Gegenwart war, aufgenommen haben. Das ist von solchen Menschen untrennbar: was sie leben, darf sich nicht entfernen von dem, was sie sind, sonst wird ihnen alles, unter Umständen die ganze Welt, zur Gaukelei. Zehn Jahre später war sie einmal mit ihrer Schwiegertochter auf einem Jahrmarkt im Ennstal; und so wie sie vom Palast des Fürsten, dem Hochzeitsprunk und den Wundern der großen Stadt erzählt, mit genau demselben Tonfall und schüchtern-ratlosem Lächeln erzählt sie von dem Seiltänzer und seinen buntgekleideten Affen, die sie auf dem Jahrmarkt gesehen. Es war irgend etwas von Lüge und Schein dabei, das eine und das andere Mal, so findet sie vermutlich, ohne daß sie sich Rechenschaft davon zu geben vermag. Jedenfalls ist es lang her; nichts aus ihrem Leben liegt in einer geschlossenen Zeit, und wenn sie auf ein Ereignis zu reden kommt, sagt sie etwa: das war in dem Jahr, wo der große Brand in der Kainisch war; oder: das war damals, als der Felssturz in der Gosau geschah.

Ihr Bett ist ein Brettergestell, kein bequemer Sessel steht in ihrer Stube, sie sitzt auf einer Bank, den Rücken gerade. Wenn der Knecht oder die Magd den Raum betreten, schaut sie sie eine Sekunde lang aufmerksam an und weiß, von welcher Arbeit sie kommen. Sie hat nicht nötig, zu fragen, wenn eine Kuh krank geworden ist, sie sieht es an der Miene des Sohnes; hat der Geier eine Henne geholt, so braucht sie nur ein gewisses Hin- und Herreden von draußen zu hören, da ruft sie schon die Schwiegertochter und läßt sich von der Mürrischen berichten, wie das Unglück vor sich gegangen ist. Nicht anders als vor sechzig und vor siebzig Jahren wacht sie über das Feuer und das Licht, und wenn eines von den Weibern in der Nachbarschaft vor der schweren Stunde steht, erteilt sie mit dürrer Deutlichkeit ihre Ratschläge. Eines Tages mischte sich bei solcher Gelegenheit eine Sechzigjährige mit ein wenig zu großem Eifer, obschon zustimmend, ins Gespräch. Die Kaunzin sah sie groß verwundert an und sagte verweisend, als hätte sie ein zwanzigjähriges Mädchen vor sich, so junge Personen seien nicht befugt, ihre Erfahrungen mit dem nämlichen Gewicht zu wiegen wie eine alte.

Die, in deren Mitte sie lebt, Söhne, Töchter, Urenkel, Erwachsene und Kinder, Greise und junges Volk, sie lieben sie nicht, sie hegen auch keine Ehrfurcht für sie und ihre Jahre. Es dünkt ihnen keines Aufhebens wert, daß die Neunzigerin noch immer wie seit Menschengedenken und Abergedenken mit ihnen ihre Feste feiert, ihr Tagewerk zählt, ihr Brot verzehrt und ihre Stuben bewohnt. Eher könnte man sagen, daß sie ihnen im Wege ist. Sie verrichten schwere Arbeit; dem armen Boden dahier das bloße Gras abzuringen, ist schwer und sorgenvoll. Die Alte schafft nicht mehr. Warum soll einer, der nicht mehr schafft, feiern und essen? Für ihn ist es gut und ratsam, zu sterben. Das sind die Gedanken, mit denen sie herumgehen.

Und alle warten auf ihren Tod. Sie wünschen ihn nicht, weit davon, aber sie finden, es gehört sich, daß sie stirbt, denn sie kann es nicht rechtfertigen, daß sie lebt. Am Abend, wenn alle um den Tisch hocken und die Milchsuppe aus der Schüssel löffeln, fällt zuweilen ein scheuer, dunkler Blick auf die Alte, die Uralte, und fragt: Nun, was ist mit dir, willst du denn ewig leben?

Sie aber, kerzengerade sitzend, das kleine Köpfchen auf dem ledernen Hals, mit dem adlerhaften Blick bald den, bald den ins Auge fassend, kümmert sich weder um ihre Gedanken noch um ihre Mienen, obschon sie vielleicht die dumpfe Auflehnung und das schweigende Staunen darin empfindet. Zwischen ihr und dem Tod besteht eine wunderliche Beziehung, ungefähr wie zu einem vornehmen und mächtigen Herrn, den man durch freundliches Wohlverhalten nachsichtig gestimmt hat. Man hat sich nicht feig vor ihm geduckt, man hat sich nicht frech gegen ihn vermessen. Man hat sich seiner manchmal ein wenig erwehren müssen, in aller Artigkeit und Zucht, aber man hat sich dadurch in Respekt bei ihm gesetzt. Sie hat nicht das Gefühl von schreckensvoller Majestät, wenn sie seinen Namen hört und von seinem Tun vernimmt; sie glaubt nicht an seine Furchtbarkeit, sie weiß, daß sie sich friedlich mit ihm einigen und daß er genau zu der Stunde bei ihr erscheinen wird, zu der jeder von ihnen beiden den anderen braucht.

Die Romana

Das ganze Tal kennt sie unter diesem wohlklingenden Namen. Er erregt sogar die Neugier der Fremden, aber wenn sie dann der Trägerin ansichtig werden, können sie ihre Enttäuschung nicht verbergen. Der Eindruck, den sie macht, ist nicht eben gewinnend.

Seit vielen Jahren Witwe, besitzt sie eine kleine Bauernwirtschaft auf der Obertressen; Großbauern gibt es ja in der Gegend nicht, ihr Hof gehört zu den stattlichsten. Ein paar Häuser, ein paar Morgen Landes, darunter ein Getreidefeld, was ohnehin dort oben selten ist, sechs bis acht Stück Vieh, ein Vierteldutzend Schweine, ein Dutzend Hühner; das ist alles. Das größere Haus vermietet sie im Sommer an Stadtleute und bezieht während der Zeit mit dem Sohn und den Töchtern die dahinterliegende Hütte, wo sie zu viert in drei winzigen Kammern hausen. Aber so ist es allgemein üblich. Die Städter sind verwöhnt und wollen gut leben; sie wollen unter sich sein und haben eine närrische Vorliebe für das, was sie Ruhe nennen.

Das Alter der Romana ist schwer bestimmbar. Wenn man sie auf siebzig schätzt, greift man wahrscheinlich nicht zu hoch. Doch zeigt sich kein graues Haar auf ihrem Scheitel, das Gesicht, obwohl verwittert wie die Kalkfelsen der Berge rings umher, hat noch straffe Flächen, die Gestalt ist fest und kräftig, der Gang erinnert an den einer aufrecht schreitenden Bärin. Daß sie keinen Zahn mehr im Munde hat, ist nicht die Schuld der Jahre, da fast alle Männer und Weiber dahier um die Dreißig schon ihr Gebiß verlieren.

Manche halten sie für wohlhabend. Sie sagen, sie hätte, bei ihrem großen Geiz, viel Geld aufgehäuft. Es gibt etliche, die allen Ernstes versichern, sie habe das ersparte Geld auf einem ihrer Äcker oder im Wald vergraben. Der Amtsschreiber will einmal dabei gewesen sein, wie sie eine alte Truhe geöffnet hat, die bis zum Rand hinauf voll Papiergeld war. Das ist natürlich müßiges Geschwätz, die Leute erzählen sich derlei an langen Winterabenden in den Wirtshäusern, es ist keiner da, der ihr nicht die finstersten Heimlichkeiten zutraut, außerdem ist es bei ihnen nicht der Brauch, einander in der Nachrede zu schonen.

Die Romana tut, als wisse sie nichts von solchen Gerüchten. Sie behauptet nicht, arm zu sein, dazu ist zuviel Bauernhochmut in ihr; ist man denn arm, wenn man auf seinem eigenen Grund und Boden sitzt seit Urväterzeiten und keinem Menschen in der Welt was schuldig? Reichtum ist aber etwas, woran ihre Gedanken gar nicht hinreichen, verwandt mit scheuen religiösen Vorstellungen oder mit Begriffen von Zauberei.

Sie schafft Tag für Tag zu allen Zeiten des Jahres, mit der ganzen Unermüdbarkeit ihres eisernen Körpers, ihrer nur aus Knochen und Muskeln bestehenden zwei Arme. Sie schafft im Stall, auf dem Feld, auf der Dreschtenne, am Brunnen, im Haus, im Milchkeller, im Forst. Sie melkt die Kühe, bringt den Schweinen das Futter, kocht die Mahlzeiten, wäscht die Wäsche, spaltet Holz, mäht das Gras, pflügt die Erde, fegt die Dielen, reinigt den Stall, schneidet Häcksel, bereitet die Butter, sie ist die erste, die aufsteht, die letzte, die schlafen geht. Sie kennt nicht die Uhr, sie kennt nur die Sonne, das Licht, die Nacht. Sohn und Töchter und, wenn sie bei gedrängter Arbeit im

Juli und August einen Knecht aufnimmt, der Knecht, sie scheinen wie halblebendige Wesen, denen sie ihren Atem eingeblasen hat und die Hilfe leisten, weil sie von ihrem mächtigen stummen Willen dazu gezwungen werden. Man sieht es ihnen förmlich an: das Gesicht der älteren Tochter ist wie von einem Hammer zerschlagen, sie kann nicht mehr lachen, sie kann nur noch grinsen, gutmütig und furchtsam; sie kann nicht mehr weinen, nur noch heulen wie ein mißhandeltes Tier. Die jüngere lauert; es ist, als laure sie, tückisch und böse, auf das Leben, das ihr die Mutter weggenommen hat und vorenthält, etwa wie man einem ungehorsamen Kind das Sonntagskleid wegnimmt und in den Schrank sperrt, freilich in diesem Fall auf ewig. Da lauert sie also, tückisch und böse, ob sich nicht eine Gelegenheit finde, den Schrank aufzureißen, das Kleid zu stehlen und sich davonzumachen. Aber es ist keine Hoffnung; allzu wachsam ist die Mutter, überall hat sie ihre Augen, allzu schwer drückt ihre Hand. Ist die ältere Tochter nur von außen von jenem Willenshammer getroffen worden, so ist er dem Sohn ins Hirn gefahren. Seine Sinne sind gelähmt, mit der langsamen Gleichmäßigkeit des Idioten verrichtet er sein Tagewerk, sitzt da, zimmert und sägt, schmiedet und schneidert, tüncht und dengelt, sitzt fahlbärtig, fahlhäutig, fahlhaarig da, lächelt erloschen, wenn man ihn grüßt, und was er innen schaut und denkt und spürt, ist das gewaltige, einzige, vernichtende Erlebnis: Mutter.

Die Romana kennt weder Sonntag noch Feiertag, weder Kirchgang noch Jahrmarkt. Das Geläut der Glocken dringt nicht zu ihr herauf, nicht nur dem Raum, auch dem Geiste nach, den Pfarrer hat sie seit dem Tod ihres Mannes nicht gesehen, und was die Weltereignisse betrifft, war es nur der Krieg, dem sie eine Weile ihr Augenmerk zuwenden mußte, angstvoll verwundert, in haßerfüllter Erwartung. Geht sie, einmal vielleicht im Jahr, ins Dorf, so verfolgt sie einen bestimmten Zweck dabei, einen ränkesüchtigen und verschlagenen; da sie sich für schlauer hält als alle andern Leute, glaubt sie im voraus an keine Schwierigkeit und tritt den Weg beinahe vergnügt an, um desto ergrimmter und verdüsterter heimzukehren, wenn ihre Anschläge mißlungen sind. Seit langem schwebt nämlich ein Erbschaftsstreit zwischen ihr und dem Stiefsohn, den sie vom Hof verdrängt hat. Sie weiß wohl, daß in dieser Sache Recht und Gesetz gegen sie sind, aber es will nicht in ihren Kopf, daß Recht und Gesetz stärker sein sollen als sie, stark genug, sie ihres Vorteils zu berauben. Nichts erscheint ihr überflüssiger als die Behörde, nichts verächtlicher als alle Arten von amtlichen Personen, mit Mühe verbeißt sie ihren Hohn, wenn ihr so einer zu Gesicht kommt, nichts bringt sie in solche Raserei wie eine Steuervorschreibung. Sie sieht nicht ein, was das soll, es dient ihr nicht, sie begreift es nicht, es erbost sie maßlos, daß sie von ihrem Fleiß und Schweiß den Städter ernähren und kleiden soll, den Nichtstuer, den Stubenhokker mit den glatten Händen und gewichsten Stiefeln.

Im dritten Kriegsjahr wurde ihr befohlen, eine Kuh abzuliefern. Sie weigerte sich. Ein zweiter Befehl, ein dritter, sie rührte sich nicht. Sie wußte, daß man den Bauern Spottpreise für das Vieh zahlte, sie war entschlossen, sich zur Wehr zu setzen. Als der Gendarm kam, sperrte sie den Stall zu, stellte sich, die Arme über dem vorgewölbten Leib gekreuzt, breitbeinig vor die Tür und sagte mit wutverzerrtem Gesicht, eher wolle sie sich von ihm erschießen als bei lebendigem Leibe ausrauben lassen. Der Mann war besonnen genug, auf Gewalt zu verzichten, er holte den Bürgermeister und ein paar benachbarte Bauern, allesamt redeten sie eifrig auf die Romana ein, stellten ihr die Notwenigkeit vor wie auch die ernsten Folgen ihres Widerstands, und es dauerte zweieinhalb Stunden, bis sie sich schweigend fügte; aber kein Mensch hatte sie je so gesehen; erschreckend loderten die Augen in dem schlohweißen Gesicht, der ganze Kopf zitterte, schließlich taumelte sie wie betrunken ins Haus.

Solche Zwischenfälle ereigneten sich dann öfter, der Staat verlangte nicht bloß Ochs und Kuh, sondern auch Kartoffeln und Korn, Milch und Butter, schließlich sogar das Kupfergeschirr. Dieses allerdings war von der Romana, die davon Wind bekommen hatte, zuvor an einen unauffindbaren Ort gebracht worden. Es war nicht viel, ein Kessel und drei Töpfe, aber auch wenn es bloß ein Nagel gewesen wäre, eher hätte sie ihn verschluckt, als ihn freiwillig einer unverständlichen, aus sinnlosen Gründen über sie gesetzten Herrschgewalt zu überlassen. Vermutlich wäre die alte Rebellin unter diesen erbitterten Kämpfen zusammengebrochen oder verrückt geworden, hätte sie nicht gleich allen andern im Lande die Winkelwege entdeckt und eifrig frequentiert, auf denen die Obrigkeit selber wie ein genasführter Dummkopf als Schutzpatron der lichtscheuen Umtriebe stand, deren Opfer sie wurde. Da aber die Romana keine sonderliche Beliebtheit genoß, so mußte sie jederzeit der Angeberei gewärtig und doppelt auf der Hut sein. Namentlich ihre unmittelbaren Nachbarn waren scharf auf dem Posten und hätten ihr um so lieber was angetan, als sie sich dabei auf Rechtschaffenheit und Gemeinwohl berufen konnten. Mit denen lag sie seit Jahr und Tag in giftigem Hader, bald wegen einer verlaufenen Henne, bald wegen eines vermurten Stücks Wiese, durch das die Gemarkungsgrenze ging; bald war beim Mähen eine Stichelei gefallen, bald hatten sie ihr eine Sommerpartei weggeschnappt; der geringste Anlaß genügte, um die Romana mit kochender Wut zu erfüllen. Eines Abends, während das Vieh friedlich am Brunnen soff, fing sie plötzlich, am Zaun stehend, gegen den andern Hof hinüber zu schreien an, niemand wußte den Grund, vielleicht hatte sie sich in ihrem rachsüchtigen Sinn einer längst ausgetragenen, schon halb vergessenen Unbill erinnert, da fing sie an zu schreien wie eine Besessene, die Haarsträhnen flogen ihr um die Backen, die

Hände streckte sie aus wie Krallen, und die Landschaft widertönte von ihrem hexenhaften Zorn. Drüben jedoch rührte sich nichts. Sie waren alle noch auf dem Feld. Keiner hörte sie, und statt daß sie dies zum Schweigen gebracht hätte, steigerte es nur ihre geifernde Wildheit. Es war, als wende sie sich an die Bäume, die Wolken, den aufgehenden Mond und das saufende Vieh, und wie sie so in der Dämmerung wider einen unsichtbaren Gegner tobte, sah sie aus wie eine Megäre, die dem gesamten Menschengeschlecht ewigen Haß ankündigt. Eine Ungesegnete, dunkel und hager, vom Menschen nichts wissend, von sich selber nichts, was müssen diese leiden mit ihrem brunnentiefen Haß in der Brust; aber auch den Haß leiden sie nicht wissend, sondern wie ein Stein seine Schwere leidet.

Gerade zu jener Zeit bewohnte ein Schriftsteller das Sommerhaus der Romana. Er war ein Mann von ungefähr vierzig Jahren und hatte eine Frau und zwei Kinder. Dieser war, ohne es zu ahnen, die Ursache, daß die Romana in eine immer wiederkehrende starre Nachdenklichkeit verfiel und in ihrem Innern aufs sonderbarste mit ihrem Weltbegriff uneins wurde. Manchmal hielt sie mitten in der Feldarbeit inne, stützte sich auf den

Rechen, sah finster vor sich hin, schüttelte den Kopf und ein dumpfes Staunen wühlte in ihren Zügen. Wenn sie mit Leuten redete, lenkte sie das Gespräch vorsichtig auf ihn, stellte gewisse mißtrauische und spöttische Fragen, aber was sie erfahren wollte, erfuhr sie nicht. Wenn sie Gelegenheit hatte, sich mit ihm selber zu unterhalten, war die nämliche Mischung von Argwohn und Neugier in ihrer Miene, oder etwas viel Stärkeres als Neugier, ein brennendes Gelüst, eine quälende Unruhe. Sie wußte, daß er ein Schriftsteller war. Darunter konnte sie sich nichts vorstellen, und niemand konnte es ihr recht erklären. Sie wußte auch, daß er von der Schriftstellerei lebte, und zwar ziemlich behaglich, in augenscheinlichem Wohlstand. Das mußte sie hinnehmen und glauben, obschon es schwer zu glauben war. Unsereins muß der kargen Erde jeden Bissen Brot abringen in schwerer Mühsal, aufgestellt muß man sein gegen den Blitz und das Viehsterben, das Wasser und das Feuer, Sonnenglut und frühen Frost, hart auf hart liegen die Wochen und die Jahre, die Natur ist wie ein bissiger Hund, läßt nichts los ohne Schmeichelei, hast du dich von Kindesbeinen bis zum Greisenausgeding mit ihr blutig gerackert, so kannst du dich auf den Strohsack legen und verrecken. Und da ist einer, der macht's mit der Schreibfeder und dem Papier, sitzt und kritzelt das Papier voll, wird dafür bezahlt, führt ein Faulenzerleben von der Kritzelei, denn das kann doch nicht arbeiten heißen, was er macht, am Vormittag zwei Stunden hocken, am Abend zwei Stunden hocken, den übrigen Tag herumstehen, herumliegen, in die Luft glotzen und zuschauen, wie die andern Menschen ächzen und schwitzen; wenn das Arbeit wäre, was wär denn dann, was sie tut? Was bringt er denn hervor? was nützt er? was haben die davon, die ihn bezahlen? warum ist er höher geachtet als der Gemeindeschreiber? warum bekommt er für die Schreiberei Geld, viel Geld, wie es den Anschein hat, und der Gemeindeschreiber oder der Bartel Grill, der schon an dreißig Jahre beim Gericht angestellt ist und ebenfalls mit Feder und Papier hantiert, sind arme Teufel, gebührenderweise, da sie ja nichts Wirkliches und Wahrhaftiges schaffen, nichts was den Erdboden betrifft? Es muß da ein heimlicher Betrug walten, das ist die Ansicht, zu der die Romana nach langem Grübeln gelangt, eine schwindelhafte Verabredung der Stadtleute zum Nachteil der Bauernschaft und des dummen Volkes, ähnlich wie bei der Steuer und den Abgaben, anders läßt sich die Sache nicht verstehen. Soviel Einleuchtendes dieser Schluß auch hat, er gibt ihr noch keine Beruhigung, es ist da etwas im Spiel, das ihre Sicherheit bedroht, wie wenn sich ein Dieb ins Haus geschlichen hätte. Sie steckte sich hinter die Ehefrau des Schriftstellers und begann sie mit der schlauesten Vorsicht, die ihr zu Gebote stand, mit der zuckersüßen Freundlichkeit, deren sie sich im Verkehr mit den Städtern zu bedienen pflegte, und die ein Ausfluß hochmütiger, aber feiger Verachtung war, wieder und wieder auszufragen. In weitem Bogen ging sie, nach ihrer Art, um den Punkt herum, auf den sie zielte, betäubte zuerst die gute Dame mit knallenden Lobsprüchen, wie angenehm mit ihr umzugehen sei, was für einen hohen Verstand sie habe, wie schön ihre Kinder seien, kurz, nichts sei übel an ihr, aber das beste sei doch der Mann. So einen Mann gäbe es nicht zum zweitenmal, so stattlich, so ernsthaft, so fleißig, im ganzen Ort herrsche nur eine Stimme über ihn; wie man höre, gelte er auch was in der Welt, sei ein berühmter Herr, nun, das wolle sie nicht bezweifeln, Gott bewahre sie vor Despektierlichkeit, aber sie kenne sich nicht recht aus, die gnädige Frau möge ihrem schwachen Gehirn zu Hilfe kommen, nämlich was das Schreiben betreffe, und ihr sagen, was denn das sei, was er eigentlich schreibe, sie könne sich nichts dabei denken und zermartre sich vergeblich darüber den Kopf. Die Ehefrau des Schriftstellers erwiderte mit wohlwollender Belehrung, es seien Bücher, die er schreibe. Ja so, replizierte die Bäuerin sichtlich erleichtert, da sei er also ein Setzer und habe die Druckerei gelernt? Nein, sagte die Schriftstellerfrau mild, ihn beschäftige nur das Schreiben, das Drucken gehe ihn nichts an, sein Beruf sei es lediglich, Geschichten zu schreiben, wenn davon ein ganzes Buch fertig sei, werde es in der Druckerei gedruckt. Die Romana schüttelte bedächtig den Kopf. Geschichten? Was für Geschichten? forschte sie angestrengt-verwundert; Kalendergeschichten? Vielleicht gar Liebesgeschichten? So einfach ließe sich das nicht sagen, antwortete die in die Enge getriebene Dame, es seien eben Erzählungen, nicht ganz von der Sorte wie im Kalender, nicht gerade Liebesgeschichten, obwohl sie auch von Liebe handelten, aber hauptsächlich seien es Bilder und Berichte menschlicher Schicksale. Auf dem Gesicht der Romana zeigte sich ein Ausdruck düsteren Grames. Sie versteht die Worte der Stadtfrau nicht. Sie glaubt, jene will mit sonderbarem Gerede einen berechtigten, wenn auch nicht greifbaren Verdacht in ihr ersticken. Sie hat die Miene eines Untersuchungsrichters, dem daran gelegen ist, daß die Unschuld des Verhafteten erwiesen wird, der aber bei jedem Verhör die nämliche törichte und rätselhafte Lüge zu hören bekommt. Daß einer sich Geschichten ausdenkt, das versteht sie am Ende; daß er die Geschichten aufschreibt, kann sie auch noch fassen, obgleich nicht ohne mitleidige Geringschätzung; Kalendergeschichte, Liebesgeschichte, ein anderer Begriff wohnt ihr nicht inne; in ihrer Jugend ist solches Zeug bisweilen im Haus gewesen, sie erinnert sich dunkel, sie hat vielleicht selber die gedruckten Hefte in der Hand gehabt, wenn einem die Zeit lang wird, verlockt's ihn zu allerlei Allotria, da mag er Geschichten schreiben, es ist jedenfalls etwas ungeheuer Niedriges in ihren Augen, etwas unausprechlich Einfältiges, alberner und unsinniger als die Späße und Vermummungen, die sie im Fasching drunten im Dorf aufführen; daß sich dazu ein vernünftiger und gesetzter Mann hergibt, einer, dem man gnädiger Herr sagt, der eine goldne Uhrkette und einen steifen weißen Kragen trägt, der Zigaretten raucht und von Doktoren und Regierungsräten achtungsvoll gegrüßt wird, der Kinder hat und dessen Haare schon ergraut sind, das will und will ihr nicht in den Sinn, und wenn sie außerdem noch glauben soll, daß man davon sich und der Familie Kleider, Schuhe, Möbel und feines Essen kaufen, Dienstboten halten, in der Eisenbahn fahren und Gastereien veranstalten kann, so wird ihr die ganze Welt, in der sich dies ereignet, zu einer frechen und furchteinflößenden Narrenversammlung; wie geiler Hohn erscheint es ihr und erfüllt sie mit nagendem Ingrimm, als sei sie selber in Gefahr, vom Narrenwahn eingesponnen zu werden, als sei unergründliche Bosheit am Werke, ihr Grund und Boden wegzudisputieren, als hätten Heu und Kornfrucht, Milch und Butter, diese wesentlichen Dinge des Lebens, an denen alles hängt, Wohl und Wehe, Glück und Unglück, Hoffnung und Sorge, als hätten sie und ihre und ihrer Vorfahren Arbeit allen Preis und Wert eingebüßt, und die Welt gehe einem neuen, geheimnisvoll unseligen Zustand entgegen.

Es ließ ihr keine Ruhe, und was in ihrem Gehaben nach und nach immer deutlicher hervortrat, hatte die Züge eines bekümmerten, zehrenden, wachsenden Argwohns, als dürfe ihr etwas Wichtiges und Verborgenes durchaus nicht entgehen. Als es Herbst wurde, fuhr die Familie des Schriftstellers in die Stadt zurück, er blieb allein in dem stillen Landhaus, um eine Arbeit zu beenden, und da ihm die Zeit günstig war, verbrachte er oft noch den Abend, ja einen Teil der Nacht am Schreibtisch. Die Ruhe, die draußen über der Landschaft lag, schien von allen Seiten ins Haus zu fliehen wie unterirdische Bäche in einen schwarzen See, der langsam anschwoll und die gewesenen Geräusche, besonders die Stimmen der Kinder, die einen Sommer lang in den Stuben erschallt, ihr Lachen und Plaudern, erst jetzt mit seiner Flut bedeckte. Wenn in langen Zwischenräumen ein Zweig sich raschelnd bog, ein Apfel dumpf ins Gras fiel, eine Kuh im nahen Stall brummte oder ein Brett im Schrank knackte, hob der Schriftsteller den Kopf, in die gesammelte Glut seiner Augen kam ein Schimmer von Bangigkeit, und ihm war zumut, als dringe jeder dieser Laute aus dem Weltraum unmittelbar in sein Herz.

Eines Nachts, zu vorgerückter Stunde, vernahm er im Hausgang leise Schritte. Er lauschte, es war wieder still, er schrieb weiter. Nach einiger Zeit schallten abermals die Schritte, wie wenn jemand barfuß über die Dielen ging. Er erhob sich, öffnete die Tür, schaute hinaus. Da sich nichts rührte, wollte er die Tür wieder schließen, da gewahrte er am Ende des Flurs einen schwachen Lichtschein. »Wer ist da?« rief er mit gepreßter Stimme. – »Ich bin's, die Romana«, klang es scheu zurück, und die Bäuerin, auf Socken, die Stallaterne in der Hand tragend, kam aus dem Dunkel. Sie stellte die Laterne auf den Boden und trat zögernd in das erhellte Rechteck der Tür, wo sie groß und mit etwas vorgeneigtem Haupt verblieb. Auf die halb unwillige, halb erstaunte Frage des Schriftstellers murmelte sie demütig entschuldigend, sie habe nur im Hause nachsehen wollen, wenn der gnädige Herr so spät in die Nacht hinein bei der Schreiberei sitze, bekomme sie es mit der Angst; leicht könne der gnädige Herr einschlafen und die Lampe umstoßen, ehe man's denke, stünde dann alles in Flammen, ein solches Unglück würde sie nicht überleben, Feuer sei für sie der Schrecken, der Schrecken von jeher, und so liege sie drüben auf ihrem Strohsack und könne die Augen nicht zumachen, sähe beständig den gnädigen Herrn in Rauch und

Lohe gehüllt und die Brunst aus dem Dache schlagen. Der Schriftsteller, zum Unterschied von vielen andern seines Metiers, war ein menschenfreundlicher Charakter; obgleich er sich ungern gestört fand, sagte er ein paar beschwichtigende Worte, spürte aber in dem Wesen der Bäuerin etwas Hinterhältiges, als ob der eigentliche Anlaß ihres nächtlichen Besuchs ein anderer als der bezeichnete wäre. Wohl mochte die Angst vor dem Feuer jeweils auf ihrem Gemüt lasten, sie hatte ja nur, worauf sie stand und was sie mit Händen faßte, versichert war sie nicht, Geiz und Mißtrauen hatten sie davon abgehalten; aber es mußte eine heimlichere Unruhe sein, die sie hergetrieben hatte, und davon lieferte sie auch bald den Beweis, indem sie wie von unwiderstehlicher Gewalt gezogen an dem verwunderten Mann vorüber an den Tisch trat, sich langsam herabbeugte und mit einem lautlosen Feixen die beschriebenen Blätter betrachtete.

Dann richtete sie sich schwerfällig empor und stieß einen tiefen Seufzer aus. War es Jammer? war's Mitleid? war es die Unumstößlichkeit des Augenscheins? die Greifbarkeit der dennoch unerforschten Tatsache? Die Hände über dem vorgewölbten Leib kreuzend, stand sie da, stierte eine Weile auf die mit kleiner Schrift bedeckten Seiten, wobei sich zahlreiche tiefe Falten über die enge Stirn legten, hierauf kehrte sie den düsteren, unsäglich neugierigen und zugleich vorwurfsvollen Blick gegen den Schriftsteller, der mit wachsendem Unbehagen das befremdliche Wesen des alten Weibes beobachtete. Der Vorwurf im Blick bedeutete: was machst du mir da weis? Willst du vor mir, der Romana, die jetzt vor dir steht, allein in der Nacht, den fluchwürdigen Hokuspokus wirklich aufrechterhalten? Geh in dich, Mann, bekenne, was es damit auf sich hat, die andern Menschen kannst du nach deinem Gutdünken weiter belügen und betrügen, nur zwischen uns zweien muß damit aufgeräumt werden. Dieses stumme Zureden war so dringlich, so vernehmlich gleichsam, daß der Schriftsteller in einer Anwandlung von Zorn und Bestürzung die Romana stockend aufforderte, sie möge ihn nun wieder seiner Arbeit überlassen. Da lachte die Bäuerin, mit hinaufgeschobenen Schultern, und mitten in ihrem Lachen, einem rauhen Gurgeln, das gutmütig klingen sollte, erschien in der noch geöffneten Tür die große graue Hauskatze, zauderte ein wenig auf der Schwelle, sah sich mit gelbglitzernden Augen um, miaute flehend und trat vollends in die Stube. Kaum hatte die Romana das Tier erblickt, als sich ihre Züge zu einer megärenhaften, völlig unerklärlichen Wut verzerrten. Unerklärlich schon deshalb, weil sie den Tieren für gewöhnlich gelassener und sanfter gegenübertrat als den Menschen, sogar Menschen ihresgleichen. Ein unflätiges Schimpfwort ausstoßend, war sie mit einem Sprung beim Ofen, ergriff eines der Holzscheite, die in der Kiste lagen, und schleuderte es gegen die Katze. Diese fauchte erschrocken, floh in den Schrankwinkel, die Romana ihr nach, die Katze in die Ofenecke, die Romana, Fluch um Fluch kreischend, ihr nach; die Katze, in tödlicher Angst, wollte durch die Tür entweichen, die Bäuerin vertrat ihr den Weg, schmiß die Tür zu, kauerte sich nieder, klatschte zeternd in die Hände, da sprang das verfolgte Tier in seiner Not auf den Tisch und warf die Petroleumlampe um. Die Romana schrie auf, als hätte ihr einer das Messer an die Kehle gesetzt; dicker Qualm drang aus dem Glaszylinder, ein Augenblick, und die Stube konnte wirklich in Feuer stehen, doch glücklicherweise verlosch das Licht, die Lampe fiel auf den Boden, Sturz und Zylinder splitterten in Scherben. Es war stockfinster und, nach dem grauenhaften Lärm, vollkommen still.

Der Schriftsteller hatte seine Fassung nicht verloren, er tastete sich zur Tür, öffnete sie, holte die Laterne, die im Flur brannte, und während die Katze wie toll an ihm vorübersauste, die Stiege hinunter, trat er an den Tisch und sah, daß alle Manuskriptblätter, die dort lagen, mit Petroleum übergossen waren. Die Romana trat unhörbar neben ihn, und als sie sich den Schaden eine Weile stumm betrachtet hatte, brachte sie eine Kerze herbei, zündete sie am Laternenlicht an, sodann kniete sie nieder, fegte mit den bloßen Händen die Splitter und Scherben zusammen, tat sie in ihre Schürze, erhob sich, nickte dem Schriftsteller mit einem Ausdruck zu, als sei sie fünfhundert Meter weit entfernt von ihm und könne ihn nur ungenau sehen, hierauf schritt sie mit ihrem leisen Bärinnengang zur Tür, kehrte sich noch einmal um und sagte mit erheucheltem Kummer und kaum merklichem bösen Triumph in der Stimme: »An allem dem, gnädiger Herr, ist bloß das verhexte Teufelsvieh schuld.«

Der Schriftsteller, ans Fenster tretend, sah sie mit der schaukelnden Laterne in der Hand gegen den Stall hinaufschreiten. Vor der Stalltür blieb sie lauschend stehen, stützte den einen Arm in die

Hüfte, hielt die Laterne hoch und spähte in die Landschaft, dann verschwand sie in ihrer Hütte.

Am andern Tag reiste der Schriftsteller ab, ohne sein Werk beendet zu haben.

Die Drift

Seit Jahrzehnten ist im mittleren Koppenwald keine Axt an einen Baum gelegt worden; aus gutem Grund: die Stämme konnten nicht befördert werden. Die Eisenbahnstationen talauf und talab sind zu weit entfernt, die Fuhren auf der vernachlässigten alten Waldstraße mit ihrer Steilsenkung zum Koppenwinkel von dreißig zu hundert oder den endlosen Steigungen und Krümmungen nach Aussee hinauf würden das Holz, auch beim Schlittentransport, teurer machen, als wenn es aus Sibirien käme. Allerdings läuft das Bahngeleise durch die Traunschlucht, aber da unten gibt es keine menschlichen Behausungen, kaum die Weichenwärterhütten finden dort Platz, und infolgedessen gibt es auch keine Haltestellen. Selbst wenn man zum Zweck der Holzaufladung eine errichtete, wäre die Maßregel vergeblich; wie sollte man die gehauenen Stämme anders aus der schroffen Höhe in die Talsohle bringen, als indem man sie nach dem im

Gebirg allgemeinen Brauch hinunterrollen läßt; allein das geht nicht an, die Wucht des Falles schon von einem einzigen Stamm müßte den Bahnkörper beschädigen, ihrer viele würden ihn gänzlich zerstören. Deswegen war es auch aufs strengste verboten, den reißenden Traunfluß zur Drift zu benutzen, was das einfachste und billigste Transportmittel wäre; das Geleise, ohnehin alljährlich durch Schnee- und Steinlawinen wie durch die von den Bergen stürzenden Wässer gefährdet, zieht sich gerade unterhalb des Waldes auf einem Ufersaum hin, der oft nicht breiter als die Schienenschwellen ist, und zu besonderen baulichen Vorkehrungen, die das staatliche Eigentum geschützt hätten, während sie den urwaldhaften Forst der Verwertung erschlossen, fand sich weder ein Unternehmer kühn, noch die Behörde willig genug. Man war da und dort übereingekommen: der Koppenwald ist nicht schlagbar.

Vor einigen Jahren aber, zur Zeit, als Spekulanten, Ausbeuter und Kriegsgewinnler oder nur Gewinnsüchtige ihre gierigen Augen auf alles im Lande brachliegende und verstaubare Gut warfen, geriet ein junger Mann namens Keneder auf den Einfall, sich die Reichtümer, nach denen er wie viele seinesgleichen Verlangen trug, eben durch diesen Wald zu verschaffen. Er war arm; er hatte nichts gelernt; er verstand weder ein Handwerk noch ein Geschäft; er war nur schlau und unverschämt, das mußte genügen, wie es bei andern genügte. Er überlegte also die Sache, beriet sich mit mehreren, ebenso schlauen Bekannten darüber, ohne freilich das Objekt zu nennen, das er schon als sichere Beute betrachtete, dann verschaffte er sich eine Empfehlung zu einem hohen fiskalischen Beamten und trug dem sein Anliegen vor, nämlich daß er gesonnen sei, das Holzrecht im Koppenwald zu kaufen, und zwar in einem bestimmten Revier, von Bannmeile soundsoviel bis Bannmeile soundsoviel, innerhalb welchen Raumes im vergangenen Herbst ein Windbruch stattgefunden, so daß man auf diese Art der Baumfällung fast gänzlich enthoben war. Der Oberbeamte ließ sich von seinen Unterbeamten informieren; das ist alles gut und schön, sagten die Beamten, aber die Stämme sind nicht transportabel. Nun, das möge man nur ihm überlassen, erwiderte unser schlauer junger Mann, er werde schon die geeigneten Wege finden. »Schön und gut«, sagten die Beamten, »vorausgesetzt, daß Sie sich an die behördlichen Vorschriften halten, werden wir einen Preis bestimmen.« Es dauerte eine Weile, bis das löbliche Amt sich entschlossen hatte, aber als es endlich mit Gottes Hilfe so weit war, daß Keneder wußte, welche Summe ihm zur Erwerbung des Holzes notwendig war, ein nicht geringer Betrag, wie sich von selbst versteht, denn der Staat schenkt seinen Bürgern nichts, verfügte er sich ohne Zögern zu einem Herrn, der eine Papierfabrik in der Provinz besaß, und sagte: »Ich habe da und da einen Wald gekauft, wollen Sie das Holz haben?« »Darüber läßt sich reden, wieviel Holz ist es?« erkundigte sich der Fabrikherr. »Sechzehnhundert Festmeter«, antwortete mein Keneder. »Und der Preis?« fragte der andere. Keneder nimmt eine bedächtige Miene an, zieht ein anscheinend viel gebrauchtes Notizbuch aus dem nagelneuen Rock, blättert und sucht und nennt schließlich seinen Preis. »An Ort und Stelle geliefert?« will der Industriegewaltige wissen. An Ort und Stelle geliefert, jawohl, doch müsse er, Keneder, den vierten Teil des Kaufpreises als sofortige Anzahlung haben. Dieser vierte Teil allein war ungefähr das Zehnfache der Summe, die der Fiskus für den gesamten Holzbestand gefordert hatte; auch wenn unser Keneder die Arbeitslöhne, die Beförderungskosten, die Verlustposten doppelt so hoch veranschlagte, als er sie mit Hilfe von gewiegten Sachverständigen in Rechnung gesetzt hatte, mußte ihm am Schlusse, wenn ihm der kühne Streich gelang, ein erkleckliches Vermögen übrigbleiben. Alles hing davon ab, daß ihm der Fabrikant den verlangten Vorschuß gewährte, da er selbst, wie bereits erwähnt, nicht so viel besaß, um einen Lattenzaun zu kaufen, geschweige denn einen Wald. Dem Fabrikanten leuchtete das Geschäft ein, die Leute waren damals froh, wenn sie Material in die Hand bekamen und ihre Betriebe nicht leer liefen, da sie die Arbeiter auf alle Fälle bezahlen mußten; bares Geld zu haben, fürchteten sie eher, als daß sie es wünschten, und für gute Versprechungen und wenn ein Gesicht nicht gar zu schurkisch war, legten sie es gern auf den Tisch. Haute sie der Lieferant übers Ohr, so waren sie ihrerseits sicher, den Abnehmer übers Ohr zu hauen, für die Zeche kam, seit es sich selber regierte, das Volk auf; soviel war ihm das Vergnügen offenbar wert. Um einen ernsthaften Garanten wurde also Keneder gar nicht angegangen, die mündliche Gutsagung einer Eintagsnotabilität, die nachher mit einer kleinen Provision gefüttert wurde, stillte jeglichen Zweifel, der

Glückliche nahm seinen Scheck in Empfang, entrichtete bei der amtlichen Stelle den Kaufpreis und unterschrieb, ohne mit der Wimper zu zukken, ein Dokument, das die Provinzbehörde vorsehenderweise bei der hauptstädtischen überreicht hatte, und das ihn bei sonstigem Verlust der Konzession und Haftung für alle Schäden zur Einhaltung der gesetzlichen Bestimmungen verhielt, nämlich daß er das Wasser der Traun nicht zur Driftung der Stämme benutzen dürfe. Er las den Wisch noch einmal durch und lächelte zufrieden; es stand da: er als Unternehmer dürfe weder veranlassen, noch befehlen, noch heimlich betreiben, daß das geschlagene Holz dem Fluß überantwortet werde. Er verlor nun keine Zeit mehr, reiste zum Fuß des Koppenbergs, nahm in Hallstatt, Obertraun, Steg und Goisern Holzknechte in Dienst, ernannte mehrere Aufseher und einen Oberaufseher und setzte diesem unter Vorzeigung eines genauen Ortsplanes auseinander, wie er sich die Sache dachte, von der untersten Waldgrenze bis hinab zum Bahndamm, wo der große Durchlaß zum Fluß ist, soll eine Holzbahn angelegt werden; die zugerichteten und entschälten Stämme werden an Seilen herabgelassen; beim Durchlaß stehen Leute, die die

Stämme hinüber ans Ufer schaffen; das Ufer ist an dieser einzigen Stelle ausnehmend flach und hat, auf eine Länge von mehr als vierhundert Meter, eine durchschnittliche Breite von zehn bis zwölf; nur da also bietet das Terrain die Möglichkeit, daß man die Hölzer aufschichtet; die Arbeit habe natürlich mit großer Behutsamkeit zu geschehen, damit der Bahnkörper keinen Schaden leide. »Ganz recht, mein lieber Herr«, spricht der Oberaufseher, »und wenn wir nun die Hölzer dorten gelagert haben, was dann, da können sie dann wohl liegen bis zum Jüngsten Tag?« Keneder reibt sich gutgelaunt das Kinn. »Haben Sie sich das Wasser an der Stelle einmal angeschaut?« fragte er mit tiefem Blick. »Das wohl, das wohl«, versichert ergeben der Mann aus dem Volk. »Auch nach einem längeren Regen zufällig, nach einem mehrtägigen Oktoberregen etwa?« forscht Keneder mit schelmischem Augenblinzeln. »Ach so!« ruft der andere, vom Blitz der Eingebung getroffen; mit sakraler Bewunderung in dem alten, um viele Durchtriebenheiten wissenden Bauerngesicht gibt er seinem Brotgeber zu verstehen, daß er verstehe. Allein es kann nicht verhindert werden, daß die beim Holzabtrieb beschäftigten Leute plaudern; ihr Tun kann nicht verborgen bleiben; das Gerede wird bis zum Bahnpersonal dringen und vor den Ohren der höheren Beamtenschaft nicht haltmachen. Sie werden sich auf ihre Posten begeben; ehe die Gesetzesübertretung sich ereignet hat, schwelgen sie schon im Vorgenuß der Ahndung, es hat also aufgepaßt und die zu erwartende Ungebühr durch Späher anher gemeldet zu werden. Mein Keneder, nicht faul, beeilt sich, diese Gefahren im Keim zu ersticken. Es gilt zweierlei: die »maßgebenden Organe« von sich und seinem segensvollen Werk zu überzeugen und ebensosehr ihre staatserhaltende Aufmerksamkeit von beiden Blickpunkten listig abzulenken. Er erreicht dies ohne sonderliche Mühe, obschon mit vielem Aufwand an Zeit und Geld. Er schließt Bekanntschaften und Freundschaften, arrangiert Gastereien und Familienmassenausflüge, überhäuft gelegentliche Jubilare mit Geschenken, bietet sich als Taufpate und Tarockpartner an, macht jungen Damen den Hof und läßt sich von alten Herren Jugenderinnerungen erzählen, schreibt seinen Namen in Stammbücher und singt Couplets auf Liebhaberbühnen, und während oben im Urwald jahrhundertealte Stille von Axt und Säge zerhauen und zerschnitten und unten am

Ufer des Bergflusses Stamm auf Stamm geschichtet wird, beobachtet Keneder mit der Miene eines Mannes, der mit dem Himmel einen Sonderpakt geschlossen hat, Wolken, Wind und Barometer, und es ist, als ermahne er täglich den himmlischen Kompagnon: nicht zu früh, mein Bester, nicht zu früh, jedoch auch nicht zu spät. Es naht die Zeit, wo man in dieser Gegend auf ausgiebige Niederschläge gefaßt sein darf; viele sagen, wenn es zu Allerheiligen anfängt zu regnen, hört es vor Mariä Empfängnis nicht mehr auf. So geschah es auch in diesem Jahr, mit erstaunlicher Pünktlichkeit sogar, als ob der Wettergott sich hätte beeilen müssen, seinem Günstling Keneder nichts schuldig zu bleiben. Nachdem es fünf Tage lang wie mit Eimern gegossen hatte, erhielt er von seinem treuen Oberaufseher, dem er dafür eine Extraprämie versprochen hatte, einen Zettel mit der triumphierenden Meldung: heut um Mitternacht geht's los. Darauf lud er die vornehmsten seiner landsässigen Freunde nach Sankt Agata zu einem Schmaus mit nachfolgendem Trinkgelage, das wegen seiner Großartigkeit von den beteiligten Personen bis heute als das Fest der Feste betrachtet und mit sagenhaften Zügen geschmückt wahrscheinlich auf die

Nachwelt gelangen wird, obschon der Veranstalter selbst vielleicht mit geringerer Befriedigung darauf zurückblickte, denn es zeigte sich alsbald, daß die ganze schlau erdachte Spekulation einen Haken hatte und an der überlegenen Berechnung eines heimlichen Widersachers scheiterte.

Nicht um der kleinen Ränke und Fädelungen kleiner Menschen willen wurde diese Begebenheit aufgezeichnet. Mögen ihre Anschläge wie immer enden, die Halunken den Narren, die Schwindler den Dummköpfen den Rang ablaufen, das ist höheren Schauspielen gegenüber nicht von Belang, der Natur zwacken sie nichts ab mit ihren armseligen Künsten. Da saß einer oben am See, an der Mündung der Traun, ein Angestellter der zehnten Rangklasse, den hatte der Walderoberer Keneder nicht regardiert oder bei den Bewirtungen übersehen, oder vielleicht befand er sich erst seit kurzer Zeit in seinem Amt, kurz, er hatte Witterung erlangt von der Drift und sich in aller Stille von der Zulässigkeit obrigkeitlichen Vetos vergewissert, Beschädigungen an Bahndamm, Brücken und Unterführungen gleichsam visionär festgestellt, so daß die behördliche Beschlagnahme des gesamten Treibholzes dem beleidigten Gerechtigkeitsgefühl löblicher

Bürger- und Bauernschaft genugtat und der dem öffentlichen Wohl zugelenkte Milliardenwert, privater Lüsternheit entwunden, immerhin einen fetten Bruchteil in die Tasche des klugen Aufpassers verschwinden ließ. Und der um die Frucht seiner Geistesarbeit geprellte Keneder mußte feilschen, mit dem Fiskus feilschen, mit der Eisenbahndirektion feilschen, mit der Landesregierung feilschen, mit der Forstverwaltung feilschen, mit dem Angestellten der zehnten Rangklasse besonders feilschen, bis der ganze erhoffte Reichtum auf ein Sümmchen zusammenschrumpfte, das gerade hinreichte, um die Schulden zu bezahlen, die er bei Gastwirten und Fuhrwerkern stehen hatte.

Er hatte aber Gelegenheit gehabt, sein Werk von einer andern Seite zu betrachten als von der ungeduldig erharrten Vorteils, und es mag sein, daß sich das Bild davon in seine Seele grub, wie es ja zuweilen der Fall ist, wenn ein leichtfertiger Tropf unversehens in das majestätische Rasen der Elemente versetzt wird. Er hatte die verbrüderte Tafelrunde in Sankt Agata unbemerkt verlassen; er war ruhelos, er wollte die Abdrift, von der er benachrichtigt worden war, selbst in Augenschein nehmen, und trotzdem es spät in der

Nacht war und der Regensturm mit unverminderter Heftigkeit tobte, wanderte er zum Koppental hinauf, anderthalb Stunden Wegs, immer am Bahngeleise entlang. Beim Taleingang verfolgte er den Jägerpfad an dem der Bahn gegenüberliegenden Berghang. Nach dem Kalender war es Vollmond, das Licht über der Landschaft ließ das Gestirn ahnen; wiewohl zerfetzte Wolkenhaufen über den Kuppen hingen wie schludrig aufgestülpte Wollmützen und der ganze Himmel einer umgekehrten brodelnden schwarzen Bratpfanne glich, sickerte doch der Mondschimmer durch das eilige Getriebe, und da und dort leuchteten die schräg stürzenden Regenschwaden in magischem Grüngelb. Er hatte feste Schuhe und einen wasserdichten Mantel, das Unwetter schreckte ihn um so weniger, als er ja den Hebel und Beförderung seines Wohlstands in ihm sah.

Auf einmal drang ein eigentümlich beinerndürres Klappern an sein Ohr, ähnlich wie wenn man hohle Kugeln in eine Blechschüssel schüttet, aber so vervielfacht in der Wirkung, daß das ganze Tal davon erbebte. Noch ein paar Schritte, und er blieb stehen. Am jenseitigen Ufer, etwa dreißig Meter unter ihm, war der Lagerplatz seiner Hölzer oder vielmehr der gewesene Lagerplatz, denn nun war er in seiner ganzen Länge und Breite von schäumenden Wassern überflutet. Mit erstaunlicher Voraussicht hatte der erfahrene Gebirgler die Stunde bezeichnet: eben in diesem Augenblick setzte sich die ganze Masse der Stämme, wie durch eine plötzliche Eruption hochgehoben, in Bewegung. Die zuerst ergriffenen kollerten über den Uferrand, Felsen und Sand mitreißend; der wildschießende Strom packte sie und schleuderte sie in seine Mitte, spielend, als wären es Spazierstöcke. Immer neue folgten, anfangs hätte man sie zählen können, dann war es wütender Aufeinandersturz, ein gischtumspülter hölzerner Katarakt; von der Strömung gleichsam widerwillig getragen (sah es doch aus, als ob das zornige Wasser sie am liebsten in Späne zerfasert hätte), wirbelten die selbst in der Halbfinsternis, mondlichtdurchzitterten Regenfinsternis zitronengelb leuchtenden Stämme wehrlos umher, drehten sich erschrokken im Kreis, stießen mit den Köpfen und Bäuchen zusammen, daß es krachte, sprangen in einem schaurigen Tanz übereinander und wurden endlich, bezwungen von einer Kraft, die ihnen das größte Entsetzen zu erregen schien, mit sausender Geschwindigkeit talab gerissen. Aber nicht lautlos ergaben sie sich dem übermächtigen Gegner, der unbegreiflich hüpfend und bei aller Gewalt rätselhaft entfliehend und weichend ihr Lebensgesetz der wurzelnden Stetigkeit brach; mit betäubendem Gedonner und Gepolter verwahrten sie sich gegen das tückisch Unwiderstehliche und füllten die Schlucht mit dem Getöse ihres Aufruhrs. Es war ein Wortbruch der Natur; ihnen war, seit Weltbeginn, das Beharren verliehen; nun waren sie in sinnloser Bewegung; auf Festem zu ruhen, war ihnen gewährleistet; nun war unter ihnen die Bodenlosigkeit; Raum um sich zu haben und keines vom andern berührt zu werden, war ihr Anspruch an die Existenz; nun trieben sie aneinandergepreßt und widereinanderprallend in dämonischem Getümmel; Stille der Jahrtausende war ihnen Erbteil und Bewußtsein, nun umbrauste sie der freche Lärm urfremder Materie; aufrecht zu stehen war ihre Berufung, nun wurden sie liegend hingeschleppt, und die Erbitterung über schon vorher erlittene ähnliche Unbill entlud sich klagend. Der Zuschauer oben, der Käufer, der winzige Herr der Wälder, nahm Gesichter an ihnen wahr, angstvoll starrende Augen, gefletschte Mäuler, düstere Stirnen, verzerrte Mienen, und mit einem Schaudern am Leibe, einem ungewissen Schuldgefühl in der Brust, folgte er laufend, fast willenlos gehetzt dem meilenlangen Zug der koboldisch verwandelten Gebilde bis hinunter zum Talzwang. Dort war das Gelände von nebelgedämpftem Mondlicht übergossen; der Sturm hatte das Wolkendickicht für eine Weile auf das hohe Gebirge gehäuft, ein Stück Wegs noch, da glänzte märchenhaft ein breiter Goldkegel auf dem See. Ihn durchschnitt, die ganze Wasserfläche überquerend, ein Gürtel aneinandergeschnürter Balken, die Barriere, die der von der zehnten Rangklasse für die nächtliche Drift zum Zweck der Beschlagnahme hatte legen lassen. Damit befinden wir uns wieder in der Menschenwelt und haben nichts weiter zu berichten.

Die Janach

Sie war keine Einheimische, vor vierzig Jahren war sie als junges Ding aus Mähren zugewandert und hatte einen ansässigen Schlosser geheiratet, einen ganz geschickten Handwerker, dem es aber mit dem Emporkommen nicht glükken wollte. Es fehlte ihm was, er hatte keinen Fleiß und verstand es nicht, sich beliebt zu machen. Der richtige Platz für ihn wäre eine Fabrik gewesen, doch davon wollte er nichts wissen. Je schlechter die Umstände wurden, je reicher wurde der Kindersegen, drei Söhne und vier Töchter entsprossen der Ehe, und die Janach hatte mit ihnen viel Plage. Es gibt Personen, die zur Plage geboren sind, wenn sie nicht genug haben und ihnen ein bißchen Zeit übrigbleibt, suchen sie sich noch welche dazu. So eine Person war die Janach. Der Haushalt wurde immer enger, das Geld immer knapper, mit dem Verdienst und der Kundschaft des Mannes ging es von Jahr zu Jahr abwärts, je mehr Mäuler zu füttern waren, je leerer wurden Küche und Vorratskammer, das kleine Haus am Fluß, in dem es an Raum mangelte für neun lebendige Menschen, so daß ein Teil der Kinder in der Werkstatt schlafen mußte, bot das Bild gänzlicher Verwahrlosung, und nur die unaufhörliche Rührigkeit der kleinen schwächlichen Frau erhielt das Elend in einem schleichenden Zustand; es war wenigstens jeden Tag was zu essen da. Sie schaffte sich ihren Verdienst als Botengängerin. Gegen geringes Entgelt besorgte sie Briefe, bestellte Nachrichten, schleppte Pakete mit Waren, die ihr die Kaufleute im Markt anvertrauten, nach den umliegenden Ortschaften und war auf diese Art von früh bis abends unterwegs, im Sommer und im Winter, immer in demselben dünnen dunkelblauen Fetzen von Kleid, über das sie bei Schnee oder Regen einen alten Flaus warf.

Dieses mühevolle Leben führte sie schon ziemlich lange, als sie eines Tages in die Villa des reichen Fabrikanten Röder geschickt wurde. Sie hatte eine mündliche Botschaft auszurichten, die der Frau des Hauses galt, und die erste Begegnung mit Frau Nina Röder war in gewisser Hinsicht für die Janach entscheidend. Man liest manchmal von Liebe auf den ersten Blick oder hört auch davon; es ist wohl ein Vorgang von märchenhafter Beschaffenheit, im allgemeinen steht man ihm ohne rechten Glauben gegenüber; sollte er dennoch durch die Erfahrung bestätigt werden, so kann der Beobachter der menschlichen Natur mit demselben Fug, wenn auch eben so selten, eine Treue und Anhänglichkeit auf den ersten Blick konstatieren. Es ist nicht recht ergründbar, welche Eigenschaften der Frau Nina es waren, die einen derart überwältigenden Eindruck auf die Janach machten, daß sie das Haus fast als ein anderer Mensch verließ, wie wenn sie etwas gesehen und erlebt hätte, was vorher nicht einmal als Ahnung in ihr aufgetaucht war. Frau Nina Röder war eine hübsche, freundliche Dame von gelassenem, heiter-überlegenem Wesen; da sie einem großen Haushalt vorstand und ihre Pflichten mit Talent und Sachkenntnis ausübte, hatte sie etwas Festes und Bestimmtes in ihrem Betragen, eine wohltuende Sicherheit im Umgang mit ihren Angestellten, auch kannte sie die Ortsbewohner seit ihrer Kindheit, das Tal war sozusagen ihre zweite Heimat, sie liebte die Landschaft und die Menschen, und obschon diese Liebe eine städtisch gefühlvolle Färbung hatte und von Kulturmüdigkeit und sonstigem Überdruß genährt war, wußte sie die Leute der Gegend verständig zu behandeln, jeden nach seiner Besonderheit, mit der Kenntnis seines Wandels und Schicksals. Das war es jedenfalls nicht allein, was die Janach an ihr von Beginn an bewunderte und verehrte. Aber solche Begriffe: Bewunderung, Verehrung sind ohne Genauigkeit, sie bezeichnen nur ungefähr die Richtung der Bewegung; was in einem so dumpfen, umblicklos vor sich hintreibenden Gemüt, das kein Sichselberfragen und -antworten kennt, unter bestimmten Umständen durch unerwartete Spiegelungen sich ereignet, entzieht sich dem Urteil und läßt nur der Vermutung Spielraum. Was in dieser Seele vorgeht, ist schwer und dunkel, es gelangt nicht an die Oberfläche und man kann es nur an den Folgen erraten. Vielleicht war es das schöne, reine, geordnete, weiträumige Haus, das die Janach vor allem mit Entzücken erfüllte. Sie hatte so ein Haus von innen noch nicht gesehen. Heim und Herrin wurden ihr dann eins; wenn sie an das Haus dachte, sah sie auch schon die junge Frau in ihrer Schönheit. Die Frau war der süße Kern des Hauses und gab ihm erst den Sinn. Teppiche, Lampen, Bilder, Vorhänge, Bücher, Blumenvasen, alles gehörte zu der Frau, und so auch die

Kinder, lachende, frohe, satte Kinder, die zahlreichen Dienstpersonen, Köchin, Stubenfräulein, Diener, Gärtner, der Herr selbst, alle gehörten der Frau, waren ohne sie nicht vorstellbar. Mit allen andern konnte man reden wie mit gewöhnlichen Menschen, mit der Frau reden, das bedeutete Herzklopfen. Doch war es sicher eine unbewußte Umschaltung im Hinblick auf das Haus, die die Janach in sich vornahm, als wolle und müsse sie die Frau zunächst vergessen oder dürfe ihr in Gedanken nicht nahen, denn als sie nach jenem ersten Verweilen in der Röderschen Villa zu den Ihren heimkam, geriet sie auf einmal in Erregung über den Schmutz, den sie allenthalben bemerkte; in der Werkstatt lag alles drunter und drüber, in der Küche war das Geschirr seit Tagen nicht gespült, die Betten waren ungemacht, die Töchter nicht frisiert, in den Ecken hingen Spinnweben, die Fensterscheiben waren schwarz von Fliegen. Sie brach in Klagen darüber aus, was noch nie geschehen war; bisher hatte sie das alles als unvermeidlich hingenommen; sie erzürnte sich sogar heftig über die Faulheit der Töchter, von denen zwei schon erwachsen waren, und trotz ihrer Müdigkeit und der geringen Hoffnung, eine seit so langer Zeit eingenistete Verlotterung mit einemmal beseitigen zu können, arbeitete sie unter leisem Jammern und Stöhnen und dem Schnarchen ihrer Angehörigen bis in die späte Nacht mit Wasserschaff und Reiblumpen, um wenigstens die vom Unrat ganz schwarz gewordenen Fußböden zu säubern.

Im Hause Röder erkannte man bald ihre Nützlichkeit und Willigkeit, und da sie keine Gelegenheit versäumte, sich anzubieten, und nach der ersten Woche jeden Morgen hinlief, um sich zu erkundigen, ob man nichts brauche, zog man sie nach und nach zu den verschiedensten Dienstleistungen heran; wenn Gäste kamen oder abreisten, transportierte sie Gepäckstücke, die auf dem Wagen nicht mehr Platz hatten, auf einem Schubkarren; sie rannte für die Köchin zum Krämer und zum Metzger, sie half dem Gärtner beim Unkrautjäten und Gemüseeinsammeln; sie lief zur Apotheke, um Arzneien zu holen, zu den Professionisten, um Schäden anzumelden und sie zur Eile zu treiben; traf die Post nicht rechtzeitig ein, so hastete sie aufs Amt und stellte den Verwalter und den Briefträger aufgeregt zur Rede; funktionierte die elektrische Beleuchtung nicht, flugs war sie beim Monteur und schilderte ihm die Situation in so krassen Farben, daß er, formlich erschreckt, alle andere Arbeit liegenließ und mit ihr ging; jede Störung, jeder Zwischenfall rief die äußerste Wirkung bei ihr hervor, ein zerbrochenes Fenster die nämliche Bestürzung und atemlose Dienstbereitschaft wie etwa der unglückliche Sturz eines Knaben oder ein Brand im Geräteschuppen, bei jedem derartigen Anlaß schien es, als müsse sie mit größter Geschwindigkeit sämtliche erreichbaren Hilfskräfte im Umkreis von Meilen aufbieten und herbeischaffen, den Glaser, den Doktor, die Feuerwehr. Dabei ordnete sie sich noch dem Letzten im Hause freiwillig unter, noch für das Küchenmädchen und den Kutscher war sie eine Dienerin und Botenläuferin, noch auf diese fiel der Abglanz von Hoheit und verehrend angestaunter Vollkommenheit der Frau, die alle und alles beherrschte und unnahbar über allen thronte.

Um die Zeit, als dies anfing, stand die Janach in der Mitte der Fünfzig. Sie war nicht viel größer als ein zehnjähriges Kind, und ihre Gestalt war von bemitleidenswerter Dürre. Ihre Bewegungen waren so fahrig, als sei sie beständig gezwungen, sich gegen heftige Angriffe in leidenschaftlicher stummer Weise zu verteidigen. Man konnte sie sich weder ruhend noch gar schlafend denken. Es ist zu bezweifeln, ob sie jemals auf einem Stuhle sitzend gesehen worden ist. Wenn man ihr zuschaute, hatte man die Empfindung, als raschle sie mit ihren Gliedern. Sie hatte keinen Blick. Man gewahrte keine Augen an ihr. Fast könnte man sagen: sie hatte auch kein Gesicht. Wenn sie an einem vorbeiging oder vielmehr vorbeiflatterte, entschwand sie gleichsam ins Nichts, drehte man sich nach ihr um, so war es, als sei nur noch ein wenig Rauch von ihr übrig. Wurde sie aber genötigt, stehenzubleiben und eine Mitteilung zu machen, eine Auskunft zu geben, so glich sie einer Lokomotive, die auch auf den Haltestationen unter Dampf bleibt, und sie blickte ängstlich auf den Weg, als könne ihr der davonlaufen, als bedeute eine Sekunde Verzögerung uneinbringlichen Verlust. Während sie, was sie zu sagen hatte, mit ungemeiner Eile tonlos vor sich hinnuschelte, floh sie den Blick des andern, wie wenn es ihr eine unbestimmte Qual verursache, von irgendwelchen Augen angeschaut zu werden. Sie sprach mit allen Menschen in gleicher Weise, vorüberhastend und entweichend, nur der einen, der Herrin, der Frau gegenüber, machte sie eine Ausnahme. Da stand sie, verharrte sie, lauschte und schaute; nicht in Gesicht und Auge der schweigend Angebeteten schaute sie, soweit vermaß sie sich nicht, sie schaute regungslos vor sich nieder wie eine Andächtige am Altar, und man konnte gewahren, daß sie jede von Frau Nina gesprochene Silbe aufnahm und in ihrem Gedächtnis aufspeicherte, um ja nichts zu vergessen und zu unterlassen von dem, was ihr befohlen wurde. Das leichte Zittern ihrer Backen- und Stirnmuskeln verriet die Arbeit des Einprägens; dann kam ein scheuer Blick, der fragte: ist das alles? hast du nicht mehr für mich? könnt ich nicht etwas Unerhörtes leisten? Natürlich wußte sie nicht, worin dieses Unerhörte bestehen sollte, es war ein Impuls, weiter nichts, eine Begierde, deren Rätselhaftigkeit tiefer lag als alles Denken. So viel weiß niemand von der Kreatur, daß er dies zu erforschen vermöchte.

Im Lauf der Jahre kam sie durch den Dienst in der Röderschen Villa zu einem stattlichen, für ihre Verhältnisse und Ansprüche jedenfalls beträchtlichen Einkommen. Aber erstens behielt sie nichts davon für sich, sondern gab alles dem Mann und den Kindern, von denen sie immer rücksichtsloser ausgenützt wurde, zweitens war der Erwerbssinn bei ihr so wenig entwickelt, daß sie sich bei den Verrechnungen stets zu ihrem

Nachteil irrte, sich manchmal sogar zu beweisen bemühte, ein aufgeschriebener Betrag komme ihr nicht zu oder sie habe ihn bereits erhalten. Dabei legte sie eine Angst an den Tag, als müsse sie fürchten, die Existenz der Familie Röder zu untergraben, wenn sie einen Groschen zuviel nahm. Vielleicht aber war das eine geheime innere Abwehr, der dienende Genius in ihr sträubte sich gegen die gemeine Entlohnung überhaupt, und es gab nur keine Möglichkeit für sie, dies der Welt und sich selbst begreiflich zu machen. Vermutlich bestand ihr Glück darin, sich mit ihrem Leib und Leben als Eigentum zu fühlen, einem andern Wesen völlig zu gehören, obwohl sie von diesem Wesen nicht mehr wußte und nicht mehr genoß als etwa ein Bettler von dem Palast, an dessen Stufen er kauert und auf denen er bisweilen in der Nacht heimlich schläft.

Ich begegnete ihr einmal im tiefen Winter, als sie mit ihrer aufgeregten Geschäftigkeit einen leeren Schlitten durch den Schnee zog. Ich hatte gehört, daß Röders einige Tage in ihrem Landhaus verbringen wollten, und fragte die Janach, mehr um ihr gefällig zu sein als in der Erwartung richtigen Bescheids, wann die Herrschaft eintreffen solle. Sie blieb wie angewurzelt stehen, alles wurde ruhig an ihr, sie bot plötzlich nicht mehr das Bild einer verfolgten Fledermaus, in dem verloschenen, verwischten Gesicht traten Augen hervor, die mich verklärt anstrahlten, und sie sagte mit seliger Bestimmtheit, die dann von den Tatsachen freilich widerlegt wurde: die gnädige Frau käme morgen. Dabei nickte sie mir in einer Art vertrauten Staunens zu, als wollte sie mir sagen: es ist kaum zu glauben, aber es wird sein.

Man berichtet, daß sie einen weggeworfenen Stoffgürtel der Frau Nina wie eine unschätzbare Kostbarkeit bei sich verwahre. Als ziemlich verläßlich erzählt man auch, daß sie der Frau bei abendlichen Gängen stets ungesehen folgt, um zu wachen, daß ihr nichts zustoße. Während einer Krankheit der Frau Nina war sie in einem Zustand, der ernstlich für ihren Verstand fürchten ließ. Alle im Haus machten sich über sie lustig, aber in ihrer Verstörtheit merkte sie nichts davon. Sie war nicht zu bewegen, zu den Ihren heimzugehen, sondern richtete sich im Flur vor der Küche ein Lager und erhob sich beim leisesten Geräusch in der Hoffnung, man werde nach ihr rufen, um irgendeinen Dienst von ihr zu verlangen.

Der Abschied im Herbst, die Trennung für viele Monate (denn daß Frau Röder die Villa für einige Wintertage bezieht, wird mit den Jahren, hauptsächlich wegen ihrer Kränklichkeit, immer seltener), ruft nicht etwa Gefühlsäußerungen bei ihr hervor, dazu ist sie wohl kaum fähig, die einzige Wirkung ist die, daß ihre Geschäftigkeit fast etwas Tumultuarisches bekommt, einen Zug von Krampf und Verbissenheit auch, der ihre Nähe beschwerlich macht. Sie hilft beim Aufräumen der Wäsche und Umstellen der Möbel, ist aber bei keiner Arbeit lange zu halten, huscht vielmehr wie ein Irrwisch durch alle Räume und Stockwerke. In den letzten Stunden vor der Abreise weiß sie gewöhnlich die Gelegenheit zu einem Gespräch mit Frau Nina zu erspähen; den Plan dazu hat sie wahrscheinlich von langer Hand vorbereitet. Es zeigt sich dann, daß ein Gegenstand, der der Frau gehört und den sie auf der Reise braucht, verlegt und nicht aufzufinden ist; merkwürdigerweise ist es die Janach, die diesen Gegenstand alsbald zum Vorschein bringt. Frau Nina dankt ihr freundlich, die Janach krümmt sich eigentümlich zusammen. »Fehlt der gnädigen Frau nichts mehr?« wagt sie zu fragen; »die Tropfen, die der Doktor verschrieben hat? das gelbe Buch, das sie mitnehmen wollte? Ist die gnädige Frau warm genug angezogen?« Frau

Nina ist ganz gerührt und überreicht ihr ein kleines Geschenk, eine neue Schürze, ein Paar feste Strümpfe oder dergleichen. Die Janach krümmt sich noch mehr zusammen, wie eine Kerzenflamme im Wind; eilfertig trippelt sie hinaus, verbeugt sich gnomhaft mit dem Gesicht zur Tür, mit dem Rücken gegen die Vergötterte, als sie draußen steht, wischt sie sich mit den Händen über die Augen und brummelt unverständliche Worte vor sich hin. »Schauen Sie manchmal nach, ob im Haus alles in Ordnung ist«, ruft ihr Frau Nina aus dem Wagen noch zu; in letzter Zeit ist es vorgekommen, daß Diebe in die leerstehenden Villen eingedrungen sind; aber Frau Nina hat nicht so sehr Sorge um ihr Eigentum, als sie der starr und düster Dastehenden noch ein Wort geben möchte. Und in der Tat huscht ein beglücktes Grinsen über das alte, winzige, zerknitterte Gesicht, und aus dem obenhin, fast in Zerstreutheit erteilten Auftrag der Herrin entsteht für die Janach der gebieterische Pflichtzwang, zwei- bis dreimal jede Woche den langen Weg von ihrem Haus zur Röderschen Villa zu marschieren und nachzusehen, ob alles in Ordnung sei. Kein Unwetter vermag sie daran zu hindern. Sie könnte nicht mehr schlafen und nicht mehr essen, wenn sie es unterließe.

Nun ist es wieder Winter, und die Söhne, die Töchter und der Mann behandeln sie schlecht, weil die Röderschen Einnahmen zu dieser Jahreszeit natürlich aufgehört haben. Sich darüber zu beschweren oder aufzuregen, liegt ihr fern. Sie weiß wahrscheinlich gar nicht, daß es anders sein kann. Was ihr zustößt, ist so, wie es sein muß. Wie sie lebt, das ist eben das Leben. Sich wehren? sich auflehnen? sie ahnt nicht einmal, wie man das macht. Sich etwas wünschen, sich auf etwas freuen, auf eine Veränderung sinnen, das ist ihr fremd. Scheint die Sonne, gut; schlägt einem der Schnee ins Gesicht, auch gut. Es ist, wie es ist. Sie denkt auch nicht an den Tod, und wenn Leute sterben, die sie kennt, erschrickt sie nicht, fürchtet sich auch nicht, zieht auch keine Schlußfolgerung auf sich selbst daraus. Man stirbt eben. Von Gott weiß sie nichts, vom ewigen Leben hat sie einst gehört, die Erinnerung daran ist verloschen. Es gibt nur einen einzigen Aufblick, nur ein einziges sehnsuchtähnliches Hinstreben, einen einzigen schimmernden Punkt in ihrem Innern, das ist die Frau, dieses schöne, ferne, unbegreiflichvollkommene Wesen, vor das sie bisweilen hintreten darf, um mit schüchtern herumflatternden Augen einen Befehl zu erbitten.

Aufsätze

Habt Mut zu euern Träumen

An meine amerikanischen Freunde

Ich rede zu euch, meine amerikanischen Freunde, als ob ich vor euch stünde, als ob eure ratlosen Augen mir zugewendet wären und ich darin die Bestürzung lesen könnte, die das gegenwärtige Weltgeschehen jedem denkenden und empfindenden Menschen auf diesem Planeten einflößt. Wir alle sind verirrt und verwirrt, gleich Wanderern, die in der Nacht den Weg verloren haben, und spähen nach einem Licht, nach einem Zeichen, nach einem Zauberwort, das uns leiten und helfen könnte. Betrachtet mit mir einen Augenblick die gegenwärtige Situation. Wir können sie nicht ignorieren. Es gibt junge Menschen ohne jede tragfähige Lebensgrundlage. Junge Menschen! Wohlgemerkt, ich spreche jetzt nicht von Arbeitslosen, sondern von Hoffnungslosen, von Desillusionierten, und das geht an die Wurzel. Haltet euch vor, was das heißt: hoffnungslose Jugend! Es ist beinahe ein Widerspruch in sich selbst. Ich reise viel im

Lande herum; viele junge Leute kommen zu mir, um sich auszusprechen, mir zu erzählen, wie sie leben. Es ist kaum ein einziger darunter, der aus seiner kompletten Verzweiflung ein Hehl macht. Und zwar ist es weit häufiger die geistig-seelische Verzweiflung als die aus physischer Not entstandene. Das Dasein bietet ihnen überhaupt keinen Anreiz mehr. Die Folge ist eine Herabminderung von Vitalität, von Auftrieb, von innerer Freiheit, von tätigem Willen, die die Seelenlage der ganzen Generation, ganzer Völker, ganzer Kontinente verhängnisvoll beeinflußt. Niemand täuscht sich über die Größe der Gefahr, aber alle Mittel, sie zu bannen, haben bis jetzt versagt. Und was waren, was sind das für Mittel? Worte. Zeitungsartikel. Paragraphen. Kommissionen. Tagungen. Kongresse. Ihr werdet mir zugeben, das ist genau so, wie wenn die Feuerwehr, zu einem Brand geholt, statt die Spritzen in Betrieb zu setzen, im Chorus die chemische Formel für Wasser, H_2O, absingen würde. Das kann nicht nützen. Die Menschheit weiß im Grunde doch nicht, was ihr droht, jeder haust für sich in einer unzugänglichen Höhle, und alle zusammen sind mit vollkommener Herzensblindheit geschlagen. Trotz aller Informationen und sogenannten Verständigungen weiß der Nachbar nichts mehr vom Nachbar, der Mann vom Osten nichts mehr vom Mann des Westens. Zermürbt von der Angst um den materiellen Besitz, haben wir vergessen, daß es der innere, der geistige, der seelische ist, der uns erst dazu verhilft. Geblendet von dem Trug- und Schlagwort »Wirtschaft«, diesem gespenstischsten aller Popanze, verwirtschaften wir sinnlos die letzten Reserven des religiösen und kulturellen Erbgutes. Ihr werdet es nicht in Abrede stellen, wenn ich sage: jeder Hungernde ist eine unüberhörbare Anklage gegen den Aberwitz eines Systems, das von der mütterlichen Freigebigkeit der Erde kläglich beschämt wird, ohne daß wir die geringsten Anstalten treffen, aus dieser demütigenden Tatsache die einzig mögliche Konsequenz zu ziehen. Was ihr erlebt, was wir alle erleben, ist der vorläufige Zusammenbruch der beiden sozialen Hauptstützen: Arbeit und Produktion. Sie haben ihren ursprünglichen Sinn des Schaffens und Erschaffens verloren; sie sind statt dessen als Begleiterscheinung der mechanisierten Mehrleistung in den Stand der Entbehrlichkeit gelangt. Seid ihr nicht selbst jeden Tag Zeugen von dem Bankrott des Fachmanns, der nach einer halbhundertjährigen tyrannischen Alleinherrschaft zum Bekenntnis seiner Ohnmacht auf allen Linien gezwungen ist? Seht ihr nicht auch, wie wir es sehen, daß die Ehrfurcht vor aller Organisation, zu der man uns erzogen hat, vor der Scheinordnung der Gesellschaft, der Glaube an all diese künstlichen Klammern und Gerüste wenig mehr als Selbstbetrug und Köhlerglaube war?

Wir müssen auf etwas Neues sinnen. Wir müssen uns abkehren von der Rohheit und rohen Nacktheit der Tatsachen. Es ist nötig, daß wir den Schwerpunkt des Lebens in unser Inneres verlegen. Kein leibliches Elend kann so drückend und auf die Dauer so verheerend sein wie das der Seele und des Geistes. Erinnern wir uns des kostbaren Schatzes, mit dem uns Natur und Gott ausgestattet haben; lassen wir für eine Weile den Fachmann, den Beamten, den Industriellen, den Politiker beiseite; kümmern wir uns (diesen einzigen Augenblick wenigstens) nicht mehr um die öffentliche Meinung, weder um ihr Sturmgeläute noch um die Kassandrarufe; vergessen wir, uns gegenseitig unsere Sünden vorzuhalten und unsere Irrtümer nachzurechnen: alles dies, wir erfahren es ja Tag für Tag, heißt nichts anderes als die Sünden und Irrtümer verewigen und immer tiefer in den Sumpf eines Mißverständnisses einsinken, das nachgerade zur Weltkatastrophe geworden ist. Soll ich euch verraten, woran es uns bei allem Wissen um die Dinge, um die Gesetze der Natur, um den Verlauf der menschlichen Geschichte gebricht? Um das Wissen von uns selbst. Und soll ich gestehen (wenn es auch nur meine ganz bescheidene Privatmeinung ist), worin ich die Ursache davon erblicke, daß dieses innere Wissen, das ich wirkliches Wissen nennen möchte, vom äußeren, das nur ein scheinhaftes ist, niedergehalten und erstickt wird? Vor allem darin, daß das Leben seine Geheimnisse verloren hat und vor uns steht wie ein entblätterter Baum. Je tiefer man eindringt in die Kenntnis der menschlichen Gattung und ihres Wegs durch die Jahrtausende, je mehr bestätigt und offenbart sich die vorher nur dumpf gefühlte Wahrheit, daß es das Mysterium der Schöpfung ist, an welchem wir zu Menschen in höherem Sinne reif werden; da liegen die Quellen unserer eigentlichen Kräfte, nämlich der schöpferischen, und so wie es den ewigen Mächten gefallen hat, Geburt und Tod in den Schleier des Geheimnisses zu hüllen, so haben sie auch das Leben nicht vor uns hingebreitet, damit wir es verspeisen und verdauen sollen wie einen Pfannkuchen, sondern es haftet auch ihm etwas Heiliges und im letzten Grunde Unerforschliches an, es verbietet sich unsere allzu nahe Berührung, unsere allzu freche Neugier, und wenn wir dies Verbot mißachten, straft es uns durch Ernüchterung und durch den Raub der Illusionen. Und was haben wir seit Jahrzehnten und Jahrzehnten anderes getan, als das verschleierte Bild zu Sais zu entblößen? Ihr werdet mich gewiß nicht verdächtigen, daß ich die Wissenschaft um ihren Lorbeer bringe, das imposante Gebäude der neuzeitlichen Forschung durch eine nihilistische Bombe in die Luft sprengen will; ich beuge mich ehrfürchtig vor diesen Genies der Arbeit und des Fortschritts, der Technik und des Denkens, den Meistern des Mikroskops, den Bezwingern der Luft und der elektrischen Kraft, kein nörglerischer Zweifel kann in meinen Augen die Verdienste eines Edison und Freud, eines Pasteur und Robert Koch, eines Stevenson und Marconi, eines Virchow und Liebig verringern; sie stehen als eherne Monumente im Gedächtnis der Menschheit da. Gleichwohl ist das Zeitalter, das sie und zahllose ihresgleichen, nicht mindere Giganten, heraufgeführt haben, eine Epoche der Fakten und der Zahlen, der Zwecke und der Zwecksetzungen. Das wäre das

Schlimmste nicht. Wir in Europa haben eine Periode der Romantik hinter uns, die ihre Farbe der ganzen ersten Hälfte des neunzehnten Jahrhunderts verliehen hat, und die von solcher Art war, daß sie auf die Bildung des Realitätssinnes den ungünstigsten Einfluß nahm. Es war eine poetische Romantik, die das geistige und seelische Leben nahezu außerhalb der Wirklichkeit stellte, so daß das allmähliche Erwachen zu einer immer härter, immer traumloser werdenden Gegenwart zunächst ebenso als gebieterische Notwendigkeit wie als Glück erschien. Dieses Glück aber haben wir ein wenig zu teuer bezahlt. Und auch ihr, meine Freunde, habt einen ungebührlichen Preis dafür entrichtet. Auch ihr seid in eine zu kalte Luftschicht geraten. Auch ihr friert am Herzen. Auch euch ist die Kahlheit der Materie zum Ekel und zum Grauen geworden. Eure blühenden Wildnisse haben sich zumeist in steinerne Wüsteneien verwandelt, und die Flügel der Phantasie in Tragflächen von Aeroplanen. Einstmals wart ihr ein Volk von Jägern und Abenteurern, unseßhaft und den Sternen gehorsam, jetzt stieren noch die Besten wie behext auf die Nummernklappen an der Börse, und die Wälder, in denen sie vordem Gottes Atem spürten, sind entweder längst vom Erdboden verschwunden oder sie bilden nur noch Handelsobjekte und Effektenwerte. Vor Jahren schrieb ich: »Eine Menschheit, die auf die äußerlichen Lebenseinrichtungen soviel Kraft, Geist, Genialität, Erfindungsgabe und Zeit verwendet, kann unmöglich noch die moralischen Fähigkeiten früherer Epochen besitzen, sie kann nicht Religionsstifter, große Dichter, große Philosophen hervorbringen, dazu hat die Natur eben nicht genug Vorrat.« Hinzu kommt noch ein anderes. Wir alle gleichen Leuten, denen es untersagt ist, das Innere eines Tempels zu betreten, aus dem einfachen Grund, weil sie aufgehört haben zu glauben; nun stehen sie außen an der Pforte und spähen durch die Ritzen und Schlüssellöcher, um wenigstens auf diese Art etwas von dem heiligen Mysterium zu erhaschen. Und dieses Schlüsselloch-Wissen ist ein böses, häßliches und ungedeihliches Wissen. Glaubt mir, ich kenne Hunderte und aber Hunderte von solchen Schlüsselloch-Wissern. Wenn von der Seele die Rede ist, meinen sie die Psychoanalyse, und wenn man in ihrer Gesellschaft zum Sternenhimmel blickt, sagen sie einem, wie viel Millionen Lichtjahre der Aldebaran von der Erde entfernt ist. Sie sprechen von Elektronen und Vitaminen, von Biochemie und Radioaktivität mit der erstaunlichsten Geläufigkeit; sie sind imstande, euch genau zu informieren, an welchem Tage welchen Jahres Carlyle den fünften Band seiner Geschichte Friedrich des Großen beendet hat und was Mrs. Beecher-Stowe am 16. Januar 1858 zum Lunch gegessen hat. Oh, sie sind sehr gebildet, sie sind in allen Fächern beschlagen, und obschon manche unter ihnen gestern noch nicht gewußt haben, wodurch sich ein Ichthyosaurus von einem Plesiosaurus unterscheidet, heute wissen sie es, denn es ist ja nicht weiter schwer, es zu erfahren. Der Schlüsselloch-Wisser wird alles wissen und alles haben, nur von dem Gott im Innern des Tempels wird er nichts wissen und nichts haben.

Denn den Gott muß man träumen können. Den Gott muß man *imaginieren* können. Und dies führt mich zu meinem eigentlichen Thema, das mit Gott und göttlichen Dingen freilich weniger zu tun hat als mit Menschen und menschlichen Dingen, trotzdem ich mich nur schwer entschließen kann, hier eine Trennungslinie zu ziehen.

Ich habe das Gefühl, als sei die Welt satt von den Praktiken, müde der trockenen Beweisbarkeiten, überdrüssig der intellektuellen Konstruktionen und dürren Programme, als sehne sie sich, wie soll ich sagen, nach Seelenspeise, als wolle sie nicht länger auf einen Anspruch verzichten, der so unveräußerlich ist wie der auf Brot und Luft und Kleidung, als empöre sie sich im Innersten gegen das Wort von den verlorenen Illusionen und schicke sich an, sie wieder zurückzuerobern, als sei ihr eine so harte Prüfung wie die gegenwärtige nur deshalb auferlegt, damit sie erkenne, wo die Rettung liegt. Es will mir scheinen, als ob eine neue Romantik heraufdämmerte, keine bläßliche, verschwindelte und rückwärtsgewandte wie die der Großväter, die ja bloß wieder das matte Nachwehen eines echten Verinnerlichungsprozesses war, sondern eine Renaissance des Herzens, eine Neugeburt der lebensgestaltenden Phantasie. Wenn ich in die Gesichter von vielen meiner jungen Freunde und Freundinnen schaue, wird mir diese Ahnung fast zur Gewißheit, es ist ihnen allen zumut wie bei einer Wende des Zeitalters, einer bedeutungsvollen Umwandlung der Sinne, des Geistes, der Geistesformen, und daß sie dieser untrüglichen Empfindung Namen geben, die sie aus der gängigen Phraseologie des Tages beziehen, ändert nichts an der Tiefe der Bewegung. Ich selbst habe ja von Anfang meines Weges nie ein anderes Ziel gehabt, meine ganze schriftstellerische Arbeit läßt sich in die eine Formel fassen; eine Novelle, die ich vor achtundzwanzig Jahren schrieb, schließt mit den Worten, die wie das Motto vor einem Buch sind: »Nicht im Wirklichen und Greifbaren spielt sich das entscheidende Leben der Menschen ab, das Tiefste, woran der Sterbliche seine Seele bindet, ist Traum: so werden Glück und Unglück zu bloßen Namen.« Fünfzehn Jahre später erschien Christian Wahnschaffe; der Roman hat in Amerika viel Liebe erweckt, er führt dort den bezeichnenden Titel »World's Illusion«, eine geniale Eingebung des Übersetzers, denn in der Tat wird dem »Helden«, dem Jüngling Christian, in einem bestimmten Augenblick seiner Existenz, wo er zerrieben ist von der Wirklichkeit, erdrosselt von ihrer grausamen Nähe, hoffnungslos zu Boden geschleudert von ihrer Brutalität, seine ganze Umwelt zum Bild, es bleibt ihm nichts übrig als die Flucht in die Illusion, in den Traum von eigner Vollendung und Erhöhung, in die Vorstellung einer menschlichen Vergesellschaftung, für die es einstweilen noch kein Beispiel gibt, höchstens das mythische des Gautama Buddha.

Wenn ich in diesem Zusammenhang von Träumen spreche, meine ich natürlich nicht die Schlafträume, nicht diejenigen, die sich heimlich ins Bewußtsein stehlen und von ihm wieder ausgestoßen werden wie Fremdkörper, ohne daß die Erinnerung an sie stärker ist als ein Hauch, der für die Dauer von Stunden den Rhythmus und die Farbe unseres Lebens beeinflußt. Nein, ich denke an Träume, deren Gestalt und Wesen wir selbst bestimmen wie der Maler sein Bild, wie der Baumeister sein Haus. Ich setze damit eine *Tätigkeit der Seele* voraus, und eben darauf kommt es mir an, denn, seien wir ehrlich, wir haben bisher zu wenig Gebrauch gemacht von dieser Seele, wir haben sie brachliegen lassen, und trotzdem uns seit Jahrtausenden die Dichter himmlische Wunder von ihr berichtet und die Philosophen ihr Vorhandensein beinahe zur Evidenz nachgewiesen haben, konnte man beinahe daran zweifeln, daß sie existiert. Ich meinerseits zweifle nicht im geringsten daran, oder ich müßte außer meinem eignen kleinen das Leben der größten Geister, der unsterblichen Genien für Einbildung und Dunst erklären, von Jesus Christus bis zu Michelangelo und Shakespeare, von Aristoteles bis Kant und Goethe. Welches war aber die Kraft, die in ihnen allen gewirkt hat? Der Traum. Die Fiktion einer Welt, die der wirklichen Welt unter allen Umständen überlegen ist. Was wir Wirklichkeit heißen, dauert immer nur so lange, wie der Mensch lebt, der sie faßt und anschaut. Dort aber handelt es sich gleichsam um unvergängliche Wirklichkeiten, um überirdische Gebilde, bestehend aus Geist, aus Sehnsucht, aus Phantasie – aus Träumen.

Die Menschen unserer Zeit leiden an einem Übel, das ich als Atrophie der Seele bezeichne und das viel bedenklicher ist als jede organische Krankheit, da es die inneren, aufbauenden Kräfte bedroht. Alle erneuernden Fähigkeiten unserer Natur sind in der Traumsubstanz enthalten. Die Gabe der Illusion behütet uns vor den Gefahren der Materie. Es geschieht kein großes Werk ohne Traum und Illusion, alle religiösen Lehren sind auf sie gegründet, jedes Martyrium um einer Sache willen, jedes Opfer um einer Idee willen, alle Steigerung des Daseins ins Ungemeine, jeder Glaube, jedes Glück des Alltags, jede Liebe und tiefere Beziehung zwischen Mensch und Mensch. Dies alles scheint abzuwelken und zu verkümmern. Unter dem Druck der unbeseelten Gewalten lockert sich, was bisher am festesten gewesen, das Gefüge der Persönlichkeit, um in die Masse, in das Kollektiv zu zerrinnen. Läßt sich ein größeres Verhängnis erdenken? Der Mensch, zur Rolle der Ameise erniedrigt. Seine schöpferische Mission zum Arbeitspensum degradiert. Statt des geistigen Maximums der trübselige Durchschnitt. Statt auszeichnende Leistung der Trott der Mittelmäßigkeit. Statt exemplarischer Haltung einzelner ein bequemes Allerweltsvergnügen. Unser ganzes öffentliches Leben zeigt die deutlichen Spuren des Zuviel*tuns* und Zuviel*wollens* und der schnöden Abkehr vom reinen Sein. Wenn ihr euern Arm, euer Bein, euere Augen überanstrengt habt, lauft ihr erschrocken zum Arzt oder entschließt euch jedenfalls zu ruhen, aber niemand will begreifen, daß die mißbrauchten äußeren Energien, die Abnützung durch Beruf und Geschäft, Politik und Parteiwesen nicht minder gebieterisch eine Schonung des Organismus fordern. Wenn ein Kranker zu lange auf ein und derselben Stelle liegt, wird seine Haut wund, und man muß seine Lage verändern; ebenso ergeht es dem gesellschaftlichen Körper, den Nationen und Völkern, wenn sie zu lange in ein und derselben Bewegung und Betätigung verharren. Wie die Gestirnenwelt unterliegt das Gesamt der

Menschheit dem Gesetz der prästabilierten Harmonie, wie es der große Leibniz bezeichnet hat; ein Rad greift ins andere, eine Bewegung in die andere, der geringste Fehler, und die Wirkungen heben sich gegenseitig auf, der wunderbare Gang gerät ins Stocken, eine Art von Tod und Erstarrung tritt ein. Solch ein Augenblick der Erstarrung ist über uns gekommen, vielleicht nur ein Fünfminutentod, gemessen an der Ewigkeit des Werdens und Vergehens, aber diese fünf Minuten bedeuten für uns als Einzelwesen die Existenz an sich. Jeder Mister Smith und Mister Griffith hat eben nur das *eine* Leben als Mister Smith und Mister Griffith, auf die Seelenwanderung darf er sich nicht stützen und auf die Auferstehung nur, wenn er gläubiger Christ ist. Dann aber lebt er ja bereits in und von der Illusion.

Es ist nicht nur die der Katastrophe zusteuernde Politik, die seit nahezu zwei Jahrzehnten unsere Situation der von Schiffbrüchigen ähnlich macht, es ist mehr noch der vorbereitende Alarm, der die Harmonie in unserm Innern zerbricht. Wenn man mir Tag für Tag und auf Weg und Steg versichert, das Glück sei von mir gewichen, so ist es wirklich von mir gewichen, und wenn man mir unablässig vorsagt, ich müsse morgen sterben, so werde ich morgen sterben, dann ist mein gerechter Anspruch auf Freude dahin, und die Seele büßt jenen geheimnisvollen Magnetismus ein, der ihr den Mut und die Stärke gibt gegen den sie umgebenden Tod. So ist, auf einer höheren Ebene als der des bloßen Vegetierens, die seelische Existenz ein Zustand lustvoller Stabilität, vergleichbar einem inneren Planetensystem mit tief verlagertem Ruhezentrum. Seelisch leben heißt den Weg zu seinem eigenen Lebensmittelpunkt finden, um von dort aus aller Bewegung Herr zu werden. Fleisch und Blut sind Hypothesen, der Geist allein ist Wahrheit, sagt ein deutscher Mystiker. Was wir gemeinhin »Leben« nennen, ist eine Anhäufung von Rohmaterial, das formlos und unverwandelt in den niedern Persönlichkeitsschichten liegenbleibt, nur gut für die gemeinen Zwecke. Der höhere Mensch entwindet sich dem Kausalreich und verwirklicht in sich selbst ein neues Schicksalsgesetz.

Die Worte »Habt Mut zu euern Träumen«, die ich euch hinüberrufe, als stünd' ich Aug in Aug mit euch und ihr hättet mir eure tiefste Not verraten, diese Worte beziehen sich ganz ausschließlich auf das innere Schicksal und das innere Gesetz. Der Seelenraum für jegliche Illusion, das heißt also, in meinem Sinn verstanden, für jede Traumerhöhung, ist in jedem Menschen unbedingt vorhanden, weder der Schwachsinnige noch der Tatbesessene bilden eine Ausnahme; viele haben ihn bloß noch nicht entdeckt, und wenn sie ihn entdeckt haben, haben sie nicht gewagt, ihn zu betreten; oder sie haben gleich wieder die Flucht ergriffen; oder sie haben das Gefühl, es sei ihrer nicht würdig, sich darin aufzuhalten, da es doch ihre gottgewollte Pflicht sei, Kurszettel zu lesen, Kaufverträge zu schließen, Petroleum zu bohren, Anleihen zu vermitteln, diplomatische Noten zu wechseln oder über die Rätsel der Nationalökonomie nachzudenken. Das sei ihnen ruhig verstattet. Das müßte kein Hindernis sein. Das Gebäude der Interessen eines Individuums hat so viele Stockwerke wie ein skyscraper; man kann die Verbindungen umschalten und ausschalten; man kann sich in die Büros setzen, man kann sich auf die oberste Spitze begeben und man kann mitten im Ansturm der Geschäfte seinen Sinn auf ein ganz außerhalb liegendes Ziel richten: der Mensch ist ja so reich. Es gibt eine reizende Geschichte von Charles Lamb, wo zwei Quäker in einem Wirtshaus an der Landstraße gegessen haben und sich dann weigern, die übertriebenen Nebengebühren zu zahlen, die die Wirtin verlangt; als diese darauf beharrt und schließlich zu schimpfen beginnt, stecken sie in aller Ruhe ihr Geld wieder in die Tasche, steigen wieder auf die Postkutsche, und da nach einer langen Pause der Ältere das gelassene Schweigen bricht, geschieht es mit der Frage an seinen Freund: »Hast du schon gehört, wie der Indigo auf dem Markt steht?« So handelt eigentlich jeder geläuterte, erhobene Mensch, wenn die Stürme des Lebens eines Tages eine Grundentscheidung von ihm fordern: laß die Wirtin zetern, die Hauptsache ist, wie der Indigo steht. Wobei freilich der Indigo ein Symbol ist für das, was läutert und über das gemeine Tagestreiben erhebt.

Es genügt nicht, eine Landschaft, ein Gesicht, ein Kunstwerk, eine Erfahrung, ein Abenteuer wissens- und gedächtnismäßig aufzunehmen, ich muß aus ihnen gewissermaßen einen Traum machen können, dadurch werden sie zu einem Bestandteil meines Wesens, ja meines Charakters, und so gering auch der reale Eindruck auf mein Auge, mein Nervensystem, meine Empfindung gewesen sein mag, irgend etwas wird sich in mir verändern, wenn sie mir im Sinn des Traums zu eigen werden. Was uns bei der Betrachtung der Lebensdinge, bei der Beziehung zu Menschen vor allem im Wege steht, ist unser *Urteil* über sie, das in neunzig von hundert Fällen *Vorurteil* ist. Urteil ist aber der Feind jeder Illusion, und Vorurteil vernichtet sie gänzlich. Man soll nicht urteilen, bevor man geschaut hat, bevor man angeschaut hat, und Anschauung führt sofort zur Imagination, das heißt zur Bildwerdung. Das kostet nur einen Entschluß. In einer Welt, die, wie ich schon sagte, verwüstet ist von Tatsachen wie ein Garten von Hagelschauern, ist ein solcher Entschluß selbstverständlich eine Frage des Mutes. Des Mutes zu sich selbst. Der Bereitschaft, vernachlässigtes Seelengut wieder in Sicherheit zu bringen und in Funktion zu setzen. Ruhig zu werden, ganz tief ruhig. Das wäre ein inneres *Stillhalteabkommen*, von dem die Menschheit unendlich mehr Vorteil hätte als von dem sämtlicher Banken der Erde. Jede Illusion, die mit mir durchs Leben geht, ist ein guter Genius, der mich sicherer durch das Gestrüpp der Wirklichkeit geleitet als alle Grundsätze, alle aufklärenden Maximen, alle gesellschaftlichen Regeln und alle staatlichen Vorschriften. Der in einen Traum gehüllte, von einer Illusion behütete Mensch hat immer etwas von Gotteskindschaft an sich, etwas Unberührbares und, wie Asbest, etwas Unverbrennbares. Ohne daß er es selbst weiß, wird er ein Stück des großen Allgeheimnisses, zur Liebe und zur Freude fähiger als die Geheimnislosen, die Traumlosen, die Bildlosen, die ihr Leben vertun, wie man eine Strafarbeit erledigt, und die in einer scheinbaren »Realität« stehen, die sie bei lebendigem Leibe abschlachtet. Habt Mut zu träumen, und ihr werdet in der Ferne ein Licht leuchten sehen, das schon die Spitzen der Gebirge vergoldet. Es wird über eine Welt flammen, aus der sowohl die lügenhafte Dämmerung der falschen Romantik wie die künstliche und vergiftende Überhelligkeit einer bis zur Tobsucht entfesselten Technik gewichen sein werden.

Wien im Mai 1931

Wenn man, wie ich, ständig auf dem Lande lebt, muß man ein paarmal im Jahr in die Stadt, um seine Geschäfte zu besorgen, die Freunde zu sehen oder auch nur, um für kurze Zeit den Gefahren der Einsamkeit zu entrinnen. Einsamkeit ist auf die Dauer nur ertragbar, wenn man sie zur notwendigen Stunde unterbrechen kann. Die Stadt, das ist in meinem Falle Wien, sieben Autostunden entfernt, ein Weg, der durch die schönste, zarteste, zärtlichste österreichische Landschaft führt. Zweifellos ist es jetzt, im Mai, der glücklichste Moment, ihn zu befahren. Zudem bin ich von einer Gruppe von Menschenfreunden aufgefordert worden, eine Vorlesung zu wohltätigen Zwecken zu halten, und will es nicht ablehnen, obgleich mir natürlich klar ist, wie wenig Not und Elend damit gelindert werden kann.

Es ist einundvierzig Jahre her, daß ich diese Stadt zum erstenmal betrat. Damals war sie für den Sechzehnjährigen der Inbegriff der Großstadt, kaiserliche Metropole, Haupt- und Residenzstadt, eigentlich noch immer das Zentrum des Heiligen Römischen Reichs Deutscher Nation. Ich war nicht nur blutjung, ich war auch bitterlich arm, die Enge meiner fränkischen Heimat hatte mich nur zu träumen gelehrt, nicht zu leben, nirgends war eine Hand, die ich ergreifen konnte, nirgends ein Herz, das für mich schlug, und so stand ich inmitten der Herrlichkeit dieses unvergleichlichen Stadtwesens als ein trotziger Rebell, dem keine Gegenwart genugtat, der nur in die Zukunft spähte, halb bang, halb trunken.

An der Wandlung meiner Beziehung zu Wien wäre freilich mehr aufzuzeigen als nur die Wandlung und Entwicklung des persönlichen Schicksals, abgesehen davon, daß das Wien von 1931 nicht mehr das von 1890 ist, in gar keinem Bezug mehr, wenn auch in stillen Gassen noch die alten Paläste stehen und die Gärten noch ebenso wunderbar blühen wie zu jener Zeit. Aber die Paläste sind von ihren ehemaligen Herren verlassen, ihre Prunksäle (gibt es einen tieferen Sturz?) sind Amtslokalitäten geworden, und in den schönen Gärten ergehen sich die Freunde nicht mehr, mit denen man nächtelang tiefgründige Gespräche über Kunst und Leben führte. Wien war für mich, was Balzacs lebenshungrigen Jünglingen Paris bedeutete: die Welt schlechthin, die es zu unterwerfen und zur Liebe zu zwingen galt. Vorüber. Die Erschütterung des gesamten Gefüges hat alle Bindungen, alle Verhältnisse, alle Institutionen, die heiligen wie die fragwürdigen, mitzerrüttet.

Es ist wie ein ununterbrochenes soziales Erdbeben. Sie haben von dem Zusammenbruch der Kreditanstalt gehört, nicht wahr? Aber so was hört man eben, wie es in der Nähe aussieht, weiß man nicht immer. Nun, ich ging eines Nachmittags hin in das riesige steinerne Haus, die zerschossene Kathedrale des Geldes, und sah in den Kassenräumen blasse, verstörte Leute, meist Kleinbürger, kleine Geschäftsleute, kleine Sparer und Angestellte, eigentümlich schüchtern, seltsam geduldig, zum Warten bereit, geneigt, Vertröstung entgegenzunehmen, als ob die Gewöhnung an Unglück sie mit einer neuartigen Seelenkraft begabt hätte. Diese Menschen imponierten mir, ich empfand Respekt vor ihrer Ruhe und vor dem unbesieglichen Glauben, den sie noch immer dem Gott der Kathedrale entgegenbrachten, Respekt auch vor der Nettigkeit und Freundlichkeit der Schalter- und Kassenbeamten, die mit der bänglich gestimmten Klientel verkehrten wie Ärzte in der Ambulanz mit den Kranken. Ein bewundernswertes Volk, langmütig und mit den besten Manieren des Herzens. Ihre anmutige Gelassenheit ist ein goldner Strang im Gewebe der europäischen Kultur gewesen. Sie lieben ihre schöne Stadt, jeder liebt sie auf seine Weise, die eine musikalische, eine musikhafte Weise ist, aber siebzehn Jahre kein Aufatmen mehr, siebzehn Jahre zittern um die nackte Existenz: was ist begreiflicher, als daß die Jugend einer Stadt, die gleichsam dem Mai verlobt erscheint, mit strenger Forderung und ernster Frage zu mir emporschaut, als ich abends auf dem Podium stehe, um ihr von meinen geistigen Kämpfen zu erzählen und eine gedichtete Geschichte vorzutragen? In diesen Augen ist nicht mehr die erwartungsvolle Freude glücklicherer Epochen, nicht die helle sorglose Zustimmung, die ich in den Mienen amerikanischer Jünglinge und Mädchen sah, in Berkeley und in Princeton etwa. Denen hier ist nicht mehr zu helfen mit Schönheit und festlichen Klängen, auch mit Philosophie und Gedicht nicht. Erweise, mit welchem Recht du vor uns stehst, scheinen sie zu sprechen, und je stärker ich den Strom ihrer Liebe fühle, je heftiger empfinde ich auch ihr Begehren, die Forderung aller Forderungen: unser täglich Brot gib uns heute. Nehmt dies nicht allzu wörtlich; vom Schriftsteller verlangen sie das Brot der Seele, und nicht nur im härteren kahleren Norden sind die jungen Menschen aufs Äußerste des Daseins gestellt, auf das Brett über dem Abgrund sozusagen, auch hier, wo der Frühling verführerischer als sonstwo die Arme öffnet, ist keiner mehr da, der sich lyrisch unbeschwert seinem Werben hinzugeben vermag.

Drei Tage in Berlin

Derselbe Ruf, dem ich nach Wien folgte, war auch die Veranlassung meiner Reise nach Berlin: Ich sollte vor Studenten sprechen. Es war ein schöner Abend, als geistiges Erlebnis nämlich. Im Geistigen ist es ja immer so, daß der Gebende zugleich auch empfängt, da herrscht das »Maß für Maß« in vollkommener Wechselseitigkeit. In einem schlauchartigen, gesteckt vollen Saal waren junge Leute aller politischen Richtungen versammelt, aber ich machte die Erfahrung, und das nicht zum ersten Mal, daß es trotz des chaotischen Haders, der unsere Welt als ihr schwerstes Verhängnis verdüstert, ein Wort und eine Stimme über den Parteien gibt, und gerade danach verlangen die jungen Seelen, gerade dieses Wort und diese Stimme wollen sie hören. Sie müssen nur an den glauben können, der vor ihnen steht. Er muß sich nur rein erhalten und sich an keine Gruppe und Gesinnung verkauft haben. Dies ist eine unumstößliche Tatsache für mich, mag man von der Politisierung der Jugend so viel reden, wie man will, und die Überzeugung davon hat sich im Gespräch und im Verkehr mit einzelnen nur noch befestigt. Sie entbehren des Halts, sie können an keiner Stelle emporblicken und nirgends Vertrauen gewinnen; sie fühlen sich verraten von ihren Repräsentanten, und fast alle äußern sich skeptisch über die Zukunft, ohne daß sie ihr persönliches Schicksal übermäßig wichtig nehmen. Das ist ein Charakterzug, der jedem unbefangenen Beobachter ins Auge fällt: ein stummer und trotziger Verzicht auf alles, was früheren Generationen erstrebenswert war: Karriere, Erfolg, auskömmliche Existenz, privates Glück. Zweifeln doch die meisten an der Möglichkeit, überhaupt zu existieren. Da die gegenwärtige Situation der Jugend in meinem Roman »Etzel Andergast« eines der beherrschenden Themen ist, hegten sie den Wunsch nach einer Diskussion über das Buch. Ich mußte es ablehnen; ich sagte ihnen, alle Frage und Antwort sei in dem Buch ohnehin enthalten; wozu Gestaltetes noch bereden, da es ja der eigentliche Sinn und Zweck der Gestaltung sei, das Reden überflüssig zu machen. Als ich an ihre Anschauung appellierte und diese eine dem Menschen innewohnende Form der

Gerechtigkeit nannte, verstanden sie mich über Erwarten gut. Da sah ich, was für eine wunderbare Reserve wir an diesen jungen Menschen noch besitzen; wieviel Bereitschaft noch in ihnen ist; wieviel seelische Geduld; wieviel Wille und unverbrauchte Kraft. Und wenn mich vorher das Bild der Stadt, ihr gänzlich veränderter Aspekt deprimiert hatte, die sorgenvollen Mienen überall, die gedrückte Stimmung bei den Freunden, der dumpfe Aufruhr in den Massen, der wie ein unaufhörliches unterirdisches Beben wirkte, die Panik des geschäftlichen, des gesamten öffentlichen Lebens, der epidemische Selbstmord, der wie in allen Teilen des Landes auch hier zur sozialen Katastrophe wird, wenn mir auch dies alles, obschon ich natürlich darum gewußt hatte, durch seine unleugbare Gegenwärtigkeit wie apokalyptischer Schrecken in die Glieder gefahren war, tröstete mich das Zusammensein mit den jungen Menschen in einer nicht recht zu beschreibenden Art, ungefähr so, wie wenn man in einer schweren Krankheit, mitten im tollsten Fieber, plötzlich die Gewißheit der kommenden Genesung verspürt.

Es ist nicht anders: dieses Berlin gleicht einem abgemagerten Körper, der in seinen Gewändern schlottert. Oder einem jener tropischen Ströme, die auf einmal in die Erde versickern, so daß sich die Fruchtbarkeit ihrer Ufer in Ödnis verwandelt. Seltsam öde die Hotelhallen, die Bars, die Theater, die alle vor einem Jahr noch überfüllten Vergnügungsstätten, seltsam sinnlos die strahlenden Lichtreklamen; der Verkehr auf den Hauptstraßen dünn, mit Lücken, die wie ein aussetzender Pulsschlag sind, zahllose Luxuswohnungen in den Häusern des Westens mit leeren schwarzen Fenstern, die Headlines der Zeitungen Tag für Tag von Alarmnachrichten strotzend. Der Fremde sieht und fühlt es offenbar nicht mit der spontanen Eindringlichkeit wie der, der seit dreißig und mehr Jahren mit dem Rhythmus der Stadt vertraut ist, sonst wäre es unmöglich, daß im Ausland noch immer die verkehrtesten schönfärbenden Vorstellungen über sie, ja über den ganzen inneren Zustand des Reichs herrschen. Als ich an einem dieser Tage mit Joseph Hergesheimer dinierte, dem berühmten amerikanischen Autor, konnte ich mich unmittelbar von der Wirkung dieser Oberflächenillusion überzeugen; er war fasziniert und beglückt; er gefiel mir darum nicht weniger; aber ich grübelte nach der Ursache dieser Seelenverfassung bei einem so unvergleichlichen Beobachter, einen Mann von so hochwertigem Realitätsbewußtsein; es scheint, daß die Wahrheit über ein Volk sich nur dem erschließen kann, der mit und in ihm lebt, genau wie die Wahrheit über den einzelnen Menschen. Nur das Erleiden ist es, das die Augen und das Herz öffnet, alles andre ist Panorama und Geschichte.

Deutsche Landstraße

Clemenceau hat behauptet – und heute im Herbst einunddreißig klingt es schauriger denn je – die Deutschen liebten den Tod. Von ihm aus gesehen ein blendendes Aperçu, aber wahrhaftig nicht mehr als blendend. Ist doch der Mensch schlechthin zu definieren als jene Kreatur, die allein unter allen den Tod bewußt verabscheut und durch jedes Mittel zu meiden sucht. Wie könnte eine ganze Nation hierin eine Ausnahme bilden? Wie kommt ein exakt arbeitendes Hirn zu solchem Widersinn? Welche Eigenschaft des deutschen Volkes mag ihn dazu verführt haben? Sicherlich doch eine, die er ganz und gar nicht begriffen hatte, die nicht bestrichen wurde vom Scheinwerfer seines advokatischen Denkapparats. Während mich diese Frage beschäftigt, tauchen Bilder aus dem deutschen Frühsommer vor mir auf. Strahlend hingebreitete Landschaft. Wir fuhren am Rheinufer stromabwärts von Koblenz bis Köln und acht Tage später von der holländischen Grenze rheinaufwärts nach Mainz. Der Rhein ist so viel gerühmt und besungen worden, daß der sensitivere Zeitgenosse nur mit einiger Skepsis seine Gestade betritt. Die marktschreierische wie die sentimentale Lobpreisung hatte schon oft eine Art innerer Abwehr in mir erregt, und unter meinen Rechten hege ich jenes am eifersüchtigsten, das mir erlaubt, das Verborgene und Unbekannte dem Vielberedeten und Breitgetretenen vorzuziehen. Dennoch konnte ich dem pathetischen Zauber dieser Ufer kaum widerstehen. Die Natur ist hier reicher an Einfällen als in den angrenzenden Gebieten weit und breit, und die bewegliche Phantasie des Rheinländers, seine mannigfacheren Gaben mögen aus dieser natürlichen Vielfältigkeit entspringen. Schöne alte Städte, zwischen bergansteigende Weingärten gebettet, reihen sich aneinander, und seit fast tausend Jahren hat der Rheinländer mehr als andere deutsche Stämme daran gearbeitet, sein Land zu adeln und zu schmücken. Der Wagen rollt hier über ältesten europäischen Kulturboden an der Grenze des römischen Weltreichs hin. Die asphaltierten Straßen sind Römerstraßen, zu keiner Zeit war dieses gesegnete Land völlig in Barbarei versunken. Aber heute bewegen mich nicht so sehr die alten Denkmäler, sondern das lebendige Leben rheinauf und rheinab; der Strom voller Schlepper, die Eisenbahnzüge rechts und links vom Fluß, die Straßen hüben und drüben voller Menschen, Einzelgänger, Paare, Familien, Gruppen. Weil sie zu arm sind, um zu fahren, wandern die Deutschen zu Fuß, aber wären sie auch weniger arm, wanderten sie doch. Es liegt ihnen im Blut. Das Wandern und Schweifen ist eine grund- und tiefdeutsche Eigenschaft. Immerfort sind sie unterwegs, Kärrner, Kaufleute, Künstler, Dichter, Mädchen und Knaben. Kaum einer der großen deutschen Poeten, der junge Goethe allen voran, der nicht erstaunliche Strekken zu Fuß durchmessen hätte, und beinah alle sind hier durchgekommen, wo die tragisch bedrohte deutsche Jugend von 1931 ihre Straße zieht. Unmöglich zu beschreiben, wie diese Antlitze, für die vielleicht morgen kein Brot mehr dasein wird, zuweilen leuchten, wenn sie im Wandern zu uns herüberblicken, wie traumhaft zuversichtlich diese jungen Füße schreiten, denen es in ihrem Vaterland an Lebensraum fehlt. Eigentlich ist es eine endlose Karawane, an der wir entlang fahren: Handwerksburschen, die noch da und dort in ihren malerischen Kleidern von vor hundert Jahren auftauchen – die Hamburger Zimmerleute etwa mit riesigen schwarzen Kalabreserhüten und weiten schwarzen Tuchhosen, Silberknöpfe an den Jacken –, Vagabunden, Studenten, Schüler, Bürgerskinder beiderlei Geschlechts, ganze Familien, die auf kleinen Wagen den Ertrag ihrer paar Kirschbäume feilbieten, unzählbar viele Arbeitslose, man erkennt sie sofort, ob alt oder jung, tragen sie den Stempel ihres aussichtslosen Elends. Wer den Blick loslöst von der lebendigen Kette der Menschengesichter, der schaut auf rauchlos erstorbene Fabrikschlöte, auf gelöschte Hochöfen in der Ferne, die ihren furchtbaren Beitrag liefern zum Glanz des glorreichen Junitages. Um so rätselhafter, daß immer wieder ein Leuchten aufschimmert in diesem und jenem Antlitz, und es sind oft überraschend schöne darunter. Voll Angst und Staunen darüber grübelnd, bietet sich mir plötzlich ein sonderbares Wort: es heißt *Geduld*. Die unermeßliche kreatürliche Geduld dieses Volkes ist das Rätsel und das Wunder. Nehmt es nicht für Stumpfheit, verwechselt diese Geduld nicht mit der Apathie des Asiaten, denn es ist ein winziger, aber unauslöschlich lebendiger Funke von Glauben darin, sei es auch nur der Glaube an die eine gute

Stunde der Wanderung in der Sonne. Mögen ehrgeizige Führer diese Volksgeduld verwerfen, das ist am Ende das Recht jener Spezies von Männern, die sich Politiker nennen. Politiker sind nicht geduldig. Ich aber sehe Großes in dieser Geduld. Sie ist es, die von der Ratio nicht begriffen wird. Sie mag den fanatischen Staatsmann dazu verführt haben, von Liebe zum Tod zu reden, während doch Geduld die Liebe zum Leben ist. Vielleicht ist sie weniger behend und weniger aktiv als bei romanischen Völkern, um so tiefer und lauterer ist sie.

In der englischen Literatur gibt es eine unvergeßlich grandiose Darstellung der indischen Landstraße von Kipling. Wir sehen da ein ganzes Volk mit seinen Geräten und Tieren auf endloser Wanderschaft. So ist mit seiner Not, mit seiner Armut, mit seiner Hoffnungslosigkeit, mit seinem Glauben, mit seiner Jugend, mit seiner gewaltigen Vergangenheit, mit seiner düster überschatteten Zukunft das Volk auf deutscher Landstraße an mir vorübergegangen.

Salzburg

In einem schönen Gedicht von Goethe, worin er sein Weimar lobpreist, heißt es von dieser Stadt, sie sei »wie Bethlehem in Juda, klein und groß«. Das ging mir immer durch den Kopf, als ich während der vergangenen Festspielwochen zu einer oder der andern Aufführung oder gesellschaftlichen Veranstaltung nach Salzburg kam. Unvergleichliche Stadt! Wie ein kostbares antikes Schmuckstück in einem Schrein liegt sie, beladen mit den Erinnerungen der Jahrhunderte, ins Gebirge hineingeschmiegt, Kirchen, Schlösser, Gärten und Paläste hängen wie Extrajuwelen dran, ein Hauch von Frömmigkeit und Musik schwebt über dem Ganzen, ja der seraphische Geist Mozarts durchdringt sie noch heute so wie am Ausgang des achtzehnten Jahrhunderts. Wenn man, von Ischl kommend, an Sankt Gilgen vorüberfährt, wo Mozarts Mutter geboren ist, berührt einen die Landschaft des smaragdgrünen Wolfgangsees wie ein Präludium zum Hauptstück;

hier ist die Quelle all der Süße und Erhabenheit, sagt man sich, mütterliche Augen haben die Schönheit getrunken, die der Seele des Sohnes wieder entströmte. Hier ist das schlagende Herz Europas; hier teilt sich sein Rhythmus mit, seine Geschichte und eine Ahnung dessen, was groß an ihm war.

War? Das eben ist die Frage. Im Lauf von kurzen zehn Jahren ist Salzburg ein Mekka der Kunst geworden, und die Pilgerscharen, die dorthin wandern, Menschen aller Nationen und Kontinente, erscheinen mir bisweilen wie Karawanen von Verdurstenden, die aus der Wüste zur Oase ziehen. Ein August der Kunst. Fest der Sammlung. Stätte der Weihe und der reinen Darbietung. Ist es ein Abklang, letztes Schauspiel einer Jahrtausend-Entwicklung, Abschied an der Wende, oder schon neue Form? Sammlung des Gewesenen bloß, Aufzeigung des Erbgutes, was die Andacht der Empfangenden zu einer bloßen Museumsstimmung degradieren würde, oder Übergang zu einer andern Geistesverfassung, die erste Stunde einer Zukunft, in der Musik und Dichtung nicht mehr tägliche Nahrung für ermüdete Hirne und Ersatz für minder edle Narkotika wäre, sondern Hochpunkt und Gipfel des Jahres,

Seelenfeier und vorbereitetes Erlebnis? Freilich, es ist nicht die Kunst unseres Tages, die hier zelebriert wird, es ist nicht das, was die Massen und die Straße bewegt, es ist fern von den Leidenschaften der öffentlichen Arena, nichts ist problematisch an ihr, nichts reizt oder lockt die Parteien, alles ist gesichertes Gut von gestern, Blüte einer Kultur, deren Totengräber seit einiger Zeit ungebührlichen Lärm mit ihren Schaufeln und Spaten machen. Ein kleines Paradies also, ein übriggebliebenes Eden, aus dem die letzten Siedler vertrieben werden sollen?

Mag sein. Wir wissen es nicht. Ich finde, das Geschäft des Propheten ist ein ziemlich verächtliches Geschäft geworden. Man hat leicht Kassandra spielen in einer Welt, wo kein Risiko mehr damit verbunden ist und jede Unheilsweissagung die Chance hat, sofort in Erfüllung zu gehen. Dieser schwebende Zustand gehört zum Wesen unserer Existenz. Die Bereitschaft, in den Abgrund zu stürzen, ist das charakteristische Merkmal einer Epoche, die sich aufgegeben hat, aber zwischen Anfang und Ende eines Sturzes können alle Seligkeiten eines Rausches liegen, selbst wenn man geneigt ist, an die Katastrophalität dessen zu denken, was sich mit uns begibt. Ich bin es nicht. Ich lebe mit den Bildern, den Statuen, den Melodien, den Versen und Gestalten der Vergangenheit genau so wie mit dem Schmerz und Aufruhr meiner Umwelt. Ich trage sie in mir und bin ihr wehrloses Gefäß. Und der gleiche Vorgang spiegelte sich in vielen Gesichtern von Frauen und Männern, die ich während einer Mozartschen Sinfonie, während einer Arie in Orpheus und Eurydike vor mir sah, nicht anders als träumte ich sie. Ist dies nicht eine Hoffnung? Kann nicht die gegründetste Hoffnung gerade in einem Menschengesicht liegen?

Ein Repräsentant

Er kam zu mir wie so viele andre, um sich Rat zu holen in einer Lebensfrage; meist ist es die zentrale: Was soll ich tun? Alle Tore sind verrammelt, alle Wege verstellt: was tun? Man erschrickt immer wieder, die Verantwortung umschnürt einem die Brust, wie soll man mit Entscheidungen in eine fremde Existenz eingreifen? Der jugendliche Besucher, und das ist beinahe die Regel, verlangt gar nicht, daß ich seine Schwierigkeiten für ihn entwirre, er hofft und erwartet nur, daß ich die Ansicht über die Gefährlichkeit einer Situation mit ihm teile, daß ich sozusagen eine Bilanz seiner Chancen und Fähigkeiten mit ihm mache; helfen wird er sich dann schon selber. Mit diesem oder jenem meiner Bücher genau bekannt, nimmt er an, daß ich weder auf ein festes System, noch auf eine Partei, noch auf ein philosophisches oder religiöses Dogma eingeschworen bin, und damit hat er recht, und deswegen kommt er. Trotzdem ich weiß, warum er kommt, finde ich mich unvorbereitet. Sein Eintritt, seine Stimme, sein Gesicht, sein Blick bestimmen den Gang der Unterredung. Aller Impuls geht von ihm aus. Ich, der befragt werden soll, bin aufnahmebereit. Nur aus solcher Wechselwirkung kann Lebendiges entstehen.

Er hatte mich schon früher einmal besucht, damals begleitet von seinem Freund. Der Freund war lebhaft in den Vordergrund getreten, so daß ich ihn selbst kaum bemerkte. Er tat auch während jenes Besuches den Mund nicht auf, saß im Schatten, verbeugte sich, ging. Als er mich zum zweitenmal allein aufsuchte, mußte er eine weite Reise machen, um mich an dem Ort anzutreffen, in dem ich gerade war. Er hatte einen sonderbaren Brief vorausgeschickt, eine bei aller Leidenschaftlichkeit klare, ja überlegene Epistel, und da stand er nun, nicht groß, nicht klein, nicht braun, nicht blond, verwettert und zerzaust, mit Augen, als sei er eben aus dem Ei gekrochen. Ein richtiger grüner Junge. Meine Zeit war gemessen. Das mußte ich ihm sagen. Er nickte. Er würde sich kurz fassen.

In der Tat, er faßte sich kurz. Denn als er innehielt, glaubte ich, die ihm bewilligte halbe Stunde sei vorüber, indessen waren zwei volle Stunden vergangen. Belustigt und verwundert stellte ich es fest. Weg waren sie, meine zwei Stunden. Was hielt ich dafür in der Hand? Etwa eine Fülle unerhörter Abenteuer? Keineswegs. Im Grunde hatte ich das Übliche erfahren. Die Familie reich gewesen, Vater Spekulant, emporgetragen in den scheinbar fetten Jahren nach dem Krieg, prunkvolle Wohnung im Westen, Automobile, Diener, Geschäfte, Papiermillionen, schlechte Ehe der Eltern, verkehrte Erziehung der Kinder, Zärtlichkeit und Zusammengehörigkeit ein gespieltes Theater, hinter dessen Kulissen sich Streberei und Selbstsucht verbargen. Der materielle Zusammenbruch offenbart nur allzu rasch den menschlichen Niedergang. In einen Finanzskandal verwickelt, verschwindet der Vater im Ausland, den Sohn läßt er nachkommen und bringt ihn in einem schlechtfundierten Geschäft unter, wo er Schreiber- und Agentendienste verrichtet. Dieser Vater ist eine Balzacsche Figur; er lebt in einer elenden Mietkammer, kleidet sich aber nach der letzten Mode, und wenn er sein ergebnisloses Tagewerk hinter sich hat, träumt er von neuen Millionen. Gibt es doch politische Geheimnisse in der Luft zu fangen, die ausgemünzt werden können, Nachrichten aus der Heimat fliegen ihm noch immer zu, hohe Funktionäre wollen mit ihm arbeiten, hier ein Brief, da ein heimliches Gespräch, es kann nicht fehlen, er wird wieder in die Höhe kommen. Dabei kann er nicht einmal dem Sohn ein Taschengeld geben; nachdem die Firma, wo er angestellt war, verkracht ist, wird der Junge in eine kleine Bank gesteckt, läuft als Galoppin auf die Börse, muß Kurse telefonieren, rast atemlos zwischen Saal und Zelle hin und her, kocht mit der wahnwitzigen Erregung der andern, das ökonomische Geflecht der Welt liegt vor ihm bloß, krank, blutig, fiebernd. Hier gewinnt einer Hunderttausende in einer Viertelstunde, dort schießt sich einer tot, fabelhafte Lebensläufe werden dem Jungen von gierigen Mündern berichtet, Genie und Verbrechen gehen ineinander über, ungeheures Material sammelt sich in ihm auf. Dem Vater muß er Tips bringen, der Alte rechnet ihm vor, daß er in einer Woche fünf Millionen haben kann, an diese Ziffer hängt er sein Geschick, buchstäblich, wie der Gläubige es an Gott hängt, völlig losgelöst vom realen Wert, nimmt die Ziffer dämonische Gestalt an, ist ihm Meister über Leben und Tod. Der Junge erträgt es nicht, er sucht einen Unterschlupf, plötzlich muß er nach Hause, schon gilt er als Familienhaupt, wenngleich sehr bald mit Schrecken und Bedauern festgestellt wird, er habe kein Gefühl. Freilich, es fehlt ihm an Lust und Zeit, im falschen Pomp des alten Familientheaters mitzuspielen, Hintergründe und Kulissen sind schäbig geworden, hinter Fetzen bemalten Papiers lauert das gähnende Nichts. Aber ein jüngerer Bruder ist da, er hält mit ihm zusammen wie Leim und Lack. Ihn nimmt er fort, schafft ihm in Brüssel Arbeit und Brot, er selbst kann dort nicht bleiben, ihn zieht es zurück in die große Handelsmetropole, da findet er den Vater zermalmt, die Ziffer hat sich in Dunst aufgelöst. »Damals stand es schlimm mit ihm«, meint er und nickt ein paarmal finster vor sich hin. »Der Alte erholt sich nicht mehr.« – »Wovon lebt er«, warf ich hin. »Er spielt in Spaa«, erhalte ich prompt zur Antwort. »Und Sie?« – »Nun ja, ich arbeite...« Spöttisch-resigniertes Lächeln. Jetzt sitzt er in einem Handelskontor. »Mein Chef tut mir leid«, sagt er bekümmert, »der Mann ist grundanständig, kann sich in die neuen Praktiken nich hineinfinden. Ihm bleibt man schuldig, und er zahlt bar. Der Mann ist alt. Er geht zugrunde. Ich weiß es, er nicht. Ich versuche, es ihm zu erklären. Es hilft nicht.« Der Bruder, einzig geliebter Mensch von Anfang an, macht ihm Sorgen. »Er hat geheiratet, denken Sie! Ich bin nach Brüssel gefahren, habe mir ›sie‹ angesehen, wir haben eine Nacht debattiert.« Dann spricht er von Mutter und Schwester. Die haben noch Geld. Was tun sie damit? Sie schwelgen in Musik. »Wo man hinfaßt, nasser Schwamm. Überall trieft Schwärmerei und falsche Kunst heraus. Meine Schwester spielt Beethoven. Es ist nichts mit ihrem Beethoven-Spielen, habe ich ihr gesagt. Wie kann sie da hinreichen. Ich bin so etwas wie ihr böses Gewissen. Darum haßt sie mich. Aber abschütteln kann sie mich nicht.«

Lücken in seiner Schulbildung sind nicht zu übersehen. Was jeder Knabe seiner Herkunft weiß, geht ihm zuweilen ab. Aber die Schicht seiner realen Weltkenntnis ist erstaunlich tief. Und welcher Instinkt für wahre lebendige Werte! Welche haarscharfe Witterung für das Falsche und Aufgeblasene. Welche Praxis, ich kann es nicht anders nennen, im menschlichen Charakter. »Ich stehe schließlich seit fünf Jahren auf eignen Füßen«, sagt er trocken. Ich blicke auf und frage: »Und wie alt sind Sie?« Da stockt er. Wahrhaftig, er wird rot. Und dann mit einem Stirnrunzeln, hastig achselzuckend, etwas beschämt: »Einundzwanzig.« Herrgott, denk' ich mir, du bist eigentlich ein wunderbarer Bursche.

Ich billige nicht die Vergötterung der Jugend, die gegenwärtig üblich geworden ist, und ich gestehe offen, die Antwort des jungen Menschen hätte mich weder frappiert noch gerührt, wäre er selber nur um einen Grad weniger von seiner Geringfügigkeit durchdrungen gewesen. In diesem Augenblick aber, in dem ihm das Närrische, das Unangemessene seines Schicksals bewußt wurde, in dem er fühlte, daß Abenteuer und Tatsachen, bergehoch gehäuft, das Wichtigste, Größte und Heiligste nicht ersetzen, das lebendige Herz, in diesem Augenblick rundete er sich mir zum wahrhaften Menschen und zum Repräsentanten seiner Epoche. Ich fing an, an ihn zu glauben.

Ein Bankdirektor

Der Mann, von dem ich hier erzählen will, war lange Jahre das Haupt eines großen Bankinstituts. Ein würdiger Herr von etwas starrer Haltung und jener künstlichen Unnahbarkeit, die man bei den meisten Magnaten des Geldes beobachten kann. Es ist, als müßten sie sich Tag und Nacht gegen den Zudrang gieriger Forderungen schützen und hätten beständig eine Majestät zur Schau zu tragen, die das natürliche Produkt der gebeugten Rücken und ausgestreckten Hände ihrer Umgebung ist. Er hatte einen mißtrauischen Blick, den Blick der Leute, die gewohnt sind, von Bittstellern überfallen zu werden, wo er sich von dieser Gefahr frei wußte, war er ein artiger und umgänglicher, obschon ziemlich wortkarger Mann, der dadurch zu spüren gab, daß er sein Ja und Nein ständig und im wahrsten Sinn auf die Goldwaage zu legen hatte. Bei all diesen kleinen Schwächen war er ein Charakter von unbedingter Ehrenhaftigkeit, und als er vor einigen Jahren von seinem Posten zurücktrat und in Pension ging, geschah es im Bewußtsein und auch mit dem Nimbus eines tätigen und makellosen Lebens und der Gewißheit erfüllter Pflicht. Er konnte den Rest seiner Tage ruhig und sorglos genießen.

Da kam die Katastrophe. Das Institut, zu dessen Lenkern er gehört hatte, brach zusammen. Nicht ganz unerwarteterweise; für die Welt jedenfalls nicht, das Unglück war ein Glied in der Kette, die Gebrechen des Systems traten als Geschwür und tödliches Fieber hervor. (Wir Laien hatten schon zu lange vom Nieder- und Untergang der Wirtschaft gehört, als daß uns das sichtbare Ereignis anders berührte wie der vorbereitete fünfte Akt eines Trauerspiels, dessen hilflose Zuschauer wir waren.) Ihn aber, den Mann, der einmal selbst auf der Bühne agiert hatte, noch dazu als applaudierter Star, traf das Geschehene im Mittelpunkt seines Wesens. Es war, als ob eine Bombe vor seinen Füßen explodiert wäre. Rätselhaft, was mit ihm vorging. Ihm bürdete ja niemand die Verantwortung auf, keinerlei Schuld konnte ihm zugeschrieben werden, und dennoch fühlte er beides, Verantwortung und Schuld, und in einer Art, die seine ganze Haltung veränderte, sein Selbstgefühl zerstörte, sein inneres Gleichgewicht vernichtete. Er schreitet nicht mehr aufrecht mit dem frostig-gebietenden Blick, der Zwischenraum schafft zwischen ihm und den Menschen, sein Rücken ist gebeugt, sein Auge haftet am Boden, die Würde, die er ehedem um sich verbreitete, hat sich in scheue Gedrücktheit verwandelt, das eitle heimliche Lächeln des ruhmbeglänzten Stars in seinen Mienen ist der ängstlichen Erwartung gewichen, ob ihn die Bekannten aus der Zeit seiner Herrlichkeit noch grüßen werden, zu Hause brütet er tagelang dumpf vor sich hin, des Nachts wälzt er sich schlaflos in seinem Bett, nichts in ihm vermag zu antworten auf die Frage nach Grund und Ursache des Unbegreiflichen, das sein Gemüt hoffnungslos verfinstert hat.

Ich glaube nicht, daß es die Verzweiflung der Verarmten, die Empörung der um ihre Ersparnisse Betrogenen ist, die sein Gewissen beunruhigt. Ich glaube nicht an ein beunruhigtes Gewissen. Auch die Annahme, daß es lediglich der Schmerz um die gekränkte Ehre, den befleckten Namen ist, schiene mir oberflächlich, obgleich es ein ungewöhnlicher Seelenvorgang ist, wenn ein Beamter im Ruhestand sich ohne Not solidarisch fühlt mit den Vergehungen und Sünden seiner Nachfolger, vielmehr will es mich dünken, daß man hier, in der Gestalt eines Repräsentanten, vor dem Zusammenbruch einer Weltanschauung und dem Wandel eines Zeitalters steht, so unbeträchtlich der Repräsentant auch sein mag, so individuell bedingt und so wenig bewußt des Aufschlusses, den er durch sein Schicksal gibt. Aber ich sehe viele Werkzeuge Gottes und der Geschichte, die nicht im mindesten ahnen, wofür sie zeugen und in welch gewaltigem Rahmen sie mit sonderbarer Präzision funktionieren.

Zwei Chauffeure

Ich möchte heute von zwei Chauffeuren erzählen, deren Art und Wesen einen gewissen Eindruck auf mich gemacht hat. Der eine heißt Tschitscho; vermutlich schreibt er seinen Namen anders, wenn er schreiben kann. Er ist Sizilianer, und das Sizilianische ist eine schwierige Mundart. Gesprochen wird sein Name so; er ist wenig über zwanzig Jahre alt, sein Gesicht ist ein Quadrat mit runden Ecken, flach, graubraun und vollkommen unbeweglich. Während der fünf Tage unseres Zusammenseins, er fuhr uns, und zwar musterhaft, durch ganz Sizilien, lächelte er zweimal; das war, der weißen Zähne wegen, wie das Anknipsen und Verlöschen einer kleinen Taschenlampe, lautlos und blitzgeschwind. Einmal geschah es, als er einen besonders ansprechenden Platz zur Mittagsrast gefunden hatte; mit dem zweiten Anknipsen quittierte er bei der Verabschiedung unser Lob. Was die Mittagsrast betrifft, so war dieses erste Lächeln ein Akt der reinsten Gentilezza: denn ihn selber kümmerte es so wenig, wo er aß, trank, stand, saß, schlief oder wachte, wie es einen Bauklotz kümmert, wo er liegt. Indessen hielt er gleich nach der Ausfahrt mitten auf der Landstraße, sprang wortlos aus dem Wagen, riß wortlos unsere Tür auf, kurbelte wortlos mit affenartiger Behendigkeit und steinernem Gesicht die Glasscheibe zwischen uns und dem Vorderteil des Wagens hoch, warf wortlos die Tür wieder zu, krabbelte auf seinen Sitz und fuhr wortlos davon. Das alles geschah so schnell, daß wir nach dem Warum erst fragen konnten, als die Erklärung schon da war: Tschitscho zündete sich eine Zigarette an, übrigens ohne die linke Hand vom Volant zu lassen. Als die Zigarette ausgeraucht war, eine andere, an dieser wieder eine und so fort fünf Tage nacheinander, von Taormina über Catania, Messina, Licate nach Girgenti, von Girgenti über Selinunt und Segesta nach Palermo, von Palermo über Gefalù und die grandiosen Gebirgspässe nach Taormina zurück. Niemals haben wir Tschitscho essen, trinken oder sich mit Kollegen unterhalten gesehen; keine andere menschliche Schwäche konnten wir an ihm entdecken als ein gewisses Mißtrauen gegen Kurven. Die nahm er so bedächtig, als ob er einen Korb mit Eiern balanciere, auf Zehenspitzen gleichsam. Wo und wann er Benzin faßte, blieb uns gleichfalls unerfindlich. Er hielt nicht an, er war in den völlig wegweiserlosen Landstrichen nie im Zweifel, wie er zu fahren habe, er fand sich in den unglaublichsten Gäßchen jener gelbflammenden Städte zurecht, die versteinerten Wäldern gleich auf hohen Hügelkämmen hinziehen, er kletterte mit seinem Wagen in Nebel und Wolken vierzehnhundert Meter hinauf und vierzehnhundert Meter hinunter, ohne seinen dicken Kopf auch nur zu drehen; ihn kümmerte das purpurne Meer so wenig wie der Geistergipfel des Ätna. In völlig gleichen Zeitabständen sahen wir in den spiegelnden Glasscheiben das Fünkchen aufglimmen, einziges Zeugnis dafür, daß Tschitscho eine Leidenschaft besaß.

Es ist nicht wahr, daß der Beruf die Menschen prägt. Was hätte Tschitscho gemeinsam mit dem wackeren Kalifornier, der uns vor vier Jahren täglich von Pasadena nach Hollywood und zurück gefahren hat? Sein schmallippiger, großer Mund zog sich auseinander, von Ohr zu Ohr, wenn er uns morgens erblickte. Eingehend erkundigte er sich, wie meine Frau geschlafen und ob mir das Frühstück geschmeckt habe. Er trug beileibe keine Livree, sondern war gekleidet wie jeder andere Gentleman auch, und wenn ich nicht irre, trug er sogar einen Hut. Während der Fahrt ergötzte er uns durch unaufhörliche Konversation; über seine Familienverhältnisse waren wir am dritten Tage genau informiert. Waren wir genötigt, inmitten eines unübersehbaren Schwarms von Automobilen auf ein Straßensignal zu warten, so unterhielt sich unser Freund nach allen Seiten auf das lebhafteste, sprach jovial mit diesem, väterlich mit jenem, drehte sich im Sitz um und gab uns die einleuchtendsten Erläuterungen zu allen Gesprächen, die er führte. Kehrten wir abends heim, dann half er meiner Frau sorglich aus dem Wagen, hängte ihr den Mantel um, warnte eindringlich vor Erkältung und wünschte uns schließlich einen geruhsamen Schlaf. Dabei lüpfte er den Hut und lächelte, daß sein mageres Gesicht von den Augenwinkeln bis zum Mund ein einziges Gewirr von langen und krausen Falten wurde. Über Wert und Vertrauenswürdigkeit sämtlicher Automobilmarken genossen wir den gründlichsten Unterricht, kein Bauwerk, kein Golfplatz durfte uns entgehen. Als unser Aufenthalt zu Ende war, verabschiedete er sich mit der Herzlichkeit eines alten Freundes, und uns blieb das Bild des höflichen, freundlichen, naiv-vertrauensvollen Amerikaners aus dem Volke.

Wahrhaftig, es ist nicht weit her mit der Bildkraft der Beschäftigung. Wann endlich werden wir von dem armseligen und düstern Alptraum befreit, daß Menschen am laufenden Band ihres täglichen Tuns gemodelt werden sollen? Wer erlöst uns vom Gewissenszwang des Materialismus? Tschitscho, der Mensch des Mittelmeers, der Halbsarazene, der Mohr im Kleid des modernen geeinten Italien, Tschitscho, ahnungsloser Erbe einer Geschichte von Jahrtausenden, dessen nackte Kindersohle denselben heißen Boden berührt hat wie die Sandale des Platon und des Äschylos, in dessen dickem Kopf ganz sicher afrikanische Gedanken schlafen, Tschitscho, dessen Ahnen vielleicht Kaiser Friedrich II., der im Dom zu Palermo ruht, im dreizehnten Jahrhundert nach Sizilien gebracht hat, schweigsame, scheinbar unbewegliche Orientalen mit der unberechenbaren Sprungkraft ihrer Wüstentiere in den Gliedern, was hätte der mit dem voraussetzungslosen, knabenhaft zutraulichen Kalifornier gemein? Der Mann aus Pasadena mochte doppelt so alt gewesen sein wie Tschitscho. in Wahrheit aber war er, der Sohn seiner neuen, unerfahrenen

Erde, wie ein Baby vor seinem Urgroßvater. Denn mochte er noch so gerissen aus seinen hellen, der Sizilianer noch so stumpf aus seinen schwarzen Knopfaugen geschaut haben, die Erfahrungen *eines* Menschenlebens zählen nicht vor der alleinschaffenden Bildnerin Natur. Auch in Jahrhunderttausenden hat sie noch nicht davon Notiz genommen, daß der Mensch unruhig auf der Erde hin und her fährt, seinen Stammort aufgibt, sich in Breiten und Längen festsetzt, für die er nicht geschaffen schien. Das kümmert sie nicht. Ihr ist weder wo einer herkommt wichtig, noch gar, was so ein Käferlein treibt. Nach der Erde, auf der er wächst, formt sie den Menschen, nicht anders als Baum, Gras, Busch und Tier. Ihr Wille ist Mannigfaltigkeit der Form. Wann wird die Menschheit es dankbar und ehrfürchtig begreifen?

Gegenspieler

Auf meinem Bibliothekstisch, der so groß ist wie ein französisches Billard, häufen sich Bücher über Bücher. Mit jeder Post kommen welche, Tag für Tag. Sie kommen mit Empfehlungsschreiben ihrer Verleger, mit Grüßen ihrer Verfasser, oft auch ganz stumm und allein, liegen da und fordern Tag für Tag, daß ich sie lese. Es ist ein lautloses Getümmel, und es bedrängt mich in einer Art, als wenn sie mich allesamt mit Stimmen riefen, jedes mit einer besonderen Stimme, beredt oder schüchtern, aufdringlich oder bescheiden, mit grellen Titeln und unscheinbaren, mit bunten Umschlägen und in ernsthaftem Kleid. Die Mehrzahl der Stimmen ist dringlich und rauh, rauh sind auch die Taten und Gedanken, die die Seiten der Bücher füllen, denn so ist ja auch die Zeit, so ist ihr Gesicht, rauh, finster und gewaltsam, und die beiden Bände, die ich mir eines Tages vornehme, ergänzen einander auf das sonderbarste, als sei es nicht eine zufällige Wahl gewesen, als habe meine unschlüssige Hand instinktiv nach zwei Segmenten eines Bildes gegriffen, die sich plötzlich zu einer unerwarteten Einheit fügen. Beide Bücher, das eine in Pommern, also dem nördlichsten Deutschland, das andere an der südöstlichen Grenze der österreichischen Monarchie spielend und Leben und Sterben, will sagen die Ermordung des Franz Ferdinand Este behandelnd, stellen die Pole deutschen Gesamtwesens dar. Die ungeheure Spannweite gibt einen Begriff vom leiblichen und geistigen Raum der Nation.

Zunächst fällt eine Äußerlichkeit auf, die beiden Romanen gemeinsam ist: es gibt in ihnen keine andere Verbalform als die der Gegenwart. In dem pommerschen, bei Rowohlt erschienenen Roman »Bauern, Bonzen und Bomben« von Hans Fallada, einem bisher völlig unbekannten Mann, nimmt dies weiter nicht wunder, der ganze Vorgang spielt sich sozusagen gestern und heute ab. In dem österreichischen Buche, »Apis und Este« von Bruno Brehm (Verlag Piper), das mit dem Jahr 1903 anhebt, erweist sich die ausschließliche Benutzung des Präsens mehr als Stilmittel. Kunst ist nicht beabsichtigt, sie entsteht manchmal wie von selbst, wie in primitiven und heroischen Epochen die Größe der Geschehnisse auch einen Dichter von geringen Ausmaßen wider seinen Willen zum Künstler macht. So ist das hier. Die Zeit befiehlt. Die Zeit hat den Griffel in die Hand genommen und schreibt ihre eigene Chronik. Der Mann, in den sie sich gleichsam verwandelt hat, braucht bloß zu lauschen und zu schauen.

Bedeutsames Bild: Der härtere, in der Gestaltung entschieden machtvollere Norddeutsche ist diesem Druck gefügiger als der weichere, reflektivere und gefühlvollere Österreicher. Dieser, nie ganz umschnürt und geblendet vom Ereignis, gleicht einem Manne, der auf den Trümmern einer ungeheuren Stadt gefaßt und sinnend nach den Ursachen der Katastrophe forscht und mit Hacke und Spaten sorglich bemüht ist, die Zeugnisse vergangener Größe ans Licht zu fördern, ein Pfleger des unverletzt Bestehenden bis zum Jüngsten Tag. Hinter den Figuren des nordischen Autors jedoch öffnet sich der großartige und rohe Naturaspekt des ungastlichen Meeres, an dem er haust, seine bäurischen Verschwörer – beide Bücher handeln von Komplott und Verschwörung – sind finster und heidnisch wie die Wilde Jagd. In dem Buch des Österreichers bricht eine Welt zusammen, die Monarchie stürzt ins Chaos, Reich und Nation hören auf zu sein; die Bauern in Pommern scheren sich den Teufel um Reich und Nation, um die Steuern geht's, die sie nicht zahlen wollen. Bomben hier und Bomben dort. Ewig gleich im Norden wie im Süden bleibt nur das zerrissene Menschenfleisch.

Unbeschwert von Tradition, von keines Gedankens Blässe überhaucht, schleudert Fallada seine Gestalten auf den Plan, so rund, so stark, so von ihrer eignen Atmosphäre umweht, daß man jeden einzelnen von ihnen – jeden! und das will was heißen – förmlich zu riechen bekommt. Es ist kein lieblicher Geruch. Man könnte sagen, es ist der Gestank der Gärung, in die unsere Welt übergegangen ist. Technik und Faust dieses Fallada erinnern an Zola. Dennoch ist im Grunde seines künstlerischen Temperaments der Österreicher dem französischen Sittenschilderer verwandter als der Nordländer, trotzdem jener die weitaus mildere Erscheinung, der kultiviertere Geist, der feinere Bildner ist. Zola ist Forscher, Zola ist Europäer, und vor allem ist er Christ, so wie der Mann des humaneren deutschen Südens. Darin liegt keine Wertung, es ist ein Tatbestand. In den Ländern, deren Küsten zum Norden hinaufblikken, wo Hamsun wohnt, fahren noch immer Wotan und Thor zu Holze, wie es in den uralten germanischen Zaubersprüchen heißt. Dichter sind unüberhörbare Zeugen.

Galligalli

Während unseres letzten Aufenthaltes in einem jener glücklichen Länder, deren Bewohner vor wenig mehr als einem Jahrzehnt »Neutrale« genannt wurden, kaufte sich meine Frau eine Handvoll Goldstücke. Ich mußte sie im Hosensack heimtragen, ihr Täschchen war ihr nicht sicher genug. Vor und während der Erwerbung hatte ich meinem männlichen Superioritätsgefühl – atavistisch, ich gebe es zu – Genüge getan, indem ich meiner Frau das Unzweckmäßige und Unzeitgemäße ihrer Erwerbung vor Augen führte. Sie ist sonst nicht eigensinnig. Aber diesmal hörte sie mir gar nicht zu. Als sie das Gold zu Hause in der hohlen Hand beisammen hatte, beschaute sie es und wog es mit einem Widerschein von Zufriedenheit und Einverständnis im Gesicht, wie man ihn sonst nur in den Mienen besitzvergnügter Bäuerinnen sieht. Sie hat aber sonst gar nichts von einer Bäuerin.

Einverständnis, sage ich, und Einverständnis mit dem schweren, leuchtenden, schönen Ding in ihrer Hand ist es gewesen. Sie ließ es leise klingen. »Es hat eine hübsche Stimme«, sagte sie. Sie hatte Agio bezahlen müssen, und ich hielt ihr vor, daß es ihr obendrein zinslos, also tot daliegen werde. »Wieso tot?« antwortete sie. »Gib acht, ob ich uns nicht damit werde über Wasser halten müssen, wenn alle großartigen Papierfetzen eurer zinstragenden Männerwelt in Rauch aufgegangen sind.«

Aus diesem kleinen Gespräch geht deutlich hervor, daß auch der materielle Wirklichkeitssinn des Menschen wie Janus zwei Gesichter trägt, ein männliches und ein weibliches. Der Blick des weiblichen aber ist mit jenem seltsamen Ausdruck von Vertrauen und Einverständnis dem zugewendet, was der Planet hervorbringt, auf dem wir wachsen.

Und wohin blickt in unsern undurchsichtigen Tagen das andere, das männliche Gesicht?

Wer hat schon darüber nachgedacht, daß es zwar weibliche Akrobaten, Löwenbändiger und Kunstreiter, nicht aber weibliche Zauberkünstler gibt? Wem hat schon eine Frau sechs Dutzend

Flaggentücher aus einem leeren Zylinderhut gezaubert oder neun Stück Enten aus einem Tischchen ohne Schubfach? Oder wie jener unvergeßliche, verschmitzt lachende junge Araber auf der Hotelterrasse in Luxor, drei kleine Kücken aus der Rocktasche eines Gentleman im Dinnerjakkett? Der junge Zauberer hockte auf seinen nackten Fußsohlen und rollte unverdrossen lächelnd in rätselhafter Geschwindigkeit seine Zauberformel im Mund herum. »Galligalli«, und die Brokken seiner englischen Rede schwimmen darauf wie steuerlose Schiffchen auf einem plätschernden Gewässer. Auf seine Bitte reicht ihm einer der Hotelgäste gutmütig eine Pfundnote, der Araber berührt mit seiner Stirn beinah den Boden und drückt die Note einem respektabel aussehenden Engländer in die Hand. Er gurgelt sein Zauberwort, dann bittet er den Herrn, die Hand aufzutun, die Pfundnote ist fort, der Verdutzte hat ein Fetzchen Zeitung in den Fingern. Freilich findet sie sich dann im Hutband eines Franzosen; wer aber zaubert jene Millionen aus Hutbändern oder in Rocktaschen zurück, die von weit unheimlicheren Galligallileuten zweier Erdteile ins Unbegreifliche verhext worden sind?

In Luxor gab es einen zweiten Zauberer, alt,

runzlig, unfroh und böse. Drei unschuldige schöne Orangen, die er vor unseren Augen in einen leeren Korb gelegt hatte, verzauberte er ganz wie im Märchen in eine häßlich aufzüngelnde kleine Kobra. Genau so wird allenthalben auf unserer Erde manipuliert und gezaubert, und es hilft uns keinen Deut, daß unsere Galligallileute von Staats wegen beaufsichtigt und besteuert werden, daß eine Menge Professoren ihre flink wirbelnden Zauberformeln in lehrbare Systeme gefaßt haben, ja, daß unsere ganze, unsere männliche materielle Wirklichkeit auf ihrem Galligalli beruht: Je komplizierter es geworden ist, desto frecher schreit das Hexeneinmaleins heraus. Freilich werden nicht nur Orangen in Schlangen verwandelt, sondern Frucht, Erz, Tier, Baum, Menschenarbeit, Menschenglück, Gesundheit, Kraft, guter Glaube, Gegenwart und Zukunft, Mann, Weib und Kind verwandelt in – ja, in was? Wohin starrt das andere Janusgesicht? Wo ist der Stern, auf dem sich unsere verlorenen, unsere vertanen, unsere vergeudeten Werte sammeln? Auf diesem Stern müßte der Paradiesgarten zu finden sein. Werden sich unsere Augen dahin wenden, ehe auch dort ein Engel mit flammendem Schwert der ganzen unschuldig-schuldbeladenen, von Zauber und Trug betörten Menschheit die Rückkehr verbietet, wie einstmals Adam und Eva?

Brände

Nichts bewegt die menschliche Einbildungskraft lebhafter als eine Feuersbrunst. In ihrem Anschauen wird Zerstörung Bild und Begriff, die Wut des Elements auch, die Kraft des Bösen, und damit ist Läuterung verbunden, Ausscheidung des Unreinen, Hinschmelzen des Harten oder des Trotzigen, Verwandlung des materiellen Zustandes, Symbol der Entsühnung. Dem primitiven Menschen offenbart sich das Göttliche durch das Feuer; noch der oberste Gott des genialsten Kulturvolkes ist mit dem Wahrzeichen des himmlischen Feuers ausgerüstet. Vielleicht wird darum den Christen dieses Oberste der Griechen zum Untersten, zur Hölle. Aber das Feuer hat damit nur seine Mission gewechselt, nicht sein Wesen, nicht seine außermenschliche, übermenschliche Herkunft. Die Sprache des Feuers erreicht uns überall; selbst die bloße Kunde von seiner unwiderstehlichen Gewalt erschüttert uns in Tiefen, die jenseits des Bezirks und der Kontrolle des Ver standes liegen. Meine frühste Kindheitserinnerung knüpft sich an eine Feuersbrunst, die jahrelang nachher in allen Träumen wieder auftauchte.

Der Brand des Glaspalastes in München hat das malerische Zeugnis einer bestimmten deutschen Geistes- und Kulturperiode nahezu vernichtet. Es gehört zu den tausendfältigen Merkmalen unserer unheimlichen Zeit, daß außerhalb der gelehrten Fachkreise gerade davon niemand in der Seele getroffen worden ist. Auch Poeten und Künstler nicht, die angewidert vom wilden und banalen Geschehen des Tages, ihren Weg im Reich der Geister gehen. Unmöglich kann ein solcher Verlust heute denselben Schmerz erregen, den er vor zwanzig Jahren erregt hätte. Ist der Verlust darum kleiner, der Besitz edler Kulturgüter also wertloser geworden? Keineswegs. Sind die ernsthaften Menschen, in denen das Gewissen der Zeit lebendig ist, gleichgültiger oder roher? Durchaus nicht. Ich gehe so weit, zu behaupten, daß in jenem Bezirk des Ernstes, der Ehrlichkeit und der Ehrfurcht sich überhaupt nichts verändert hat, und wer sich bemüht, im Suchen und in der Anschauung der ewigen Werte zu leben, wird mich verstehen. Wohl aber hat sich unter dem gewaltigen Druck der Welt und der Weltbegebenheiten und Katastrophen unsere Beziehung zu jenen hohen Inbildern verändert. Nicht sie und nicht wir sind schal und unrein geworden. Aber es ist uns in der unheiligen Verwirrung, in der wir leben, nicht vergönnt, uns »still an ihrem heil'gen Werte zu vergnügen«. Eine bittere Erkenntnis, mit der wir uns abzufinden haben, das heißt, wir müssen sie fruchtbar machen, wollen wir nicht »wertlos« dastehen vor unsern Nachfahren.

Anders liegen die Dinge, wo es sich um die Vernichtung der Werke lebender oder, furchtbarer noch, jüngst verstorbener Künstler handelt. Hier wendet sich die Teilnahme vom Allgemeinen ins Private. Da ist der altgewordene Schweizer Meister Amiet, der fast sein gesamtes Lebenswerk vernichtet sieht und – bedeutendes Schauspiel! – seinen verzweifelten Anhängern und Schülern ein gelassenes, dem Schicksal ein großartig gefaßtes Antlitz zeigt, wunderbares Exempel dafür, daß die großen Charaktere nicht ausgestorben sind und daß sie sich in einem großen Schicksal bewähren, nicht weniger als in mythischen Epochen.

Unbegreifliche Härte des Verhängnisses, daß

die vier letzten und reifsten Werke des im Anfang seiner künstlerischen Kraft jäh hingerafften österreichischen Malers Faistauer verbrennen wie gleichgültige Fetzen, unwiederbringliche Zeugnisse eines Aufstiegs, unwiederbringlich, da ja die Hand nicht mehr lebt, die sie erneuern könnte. Solcher Verlust erzeugt einen geisterhaften Schmerz, als müsse man zusehen, wie eine Seele gemordet und ein Stück Unsterblichkeit vernichtet wird.

Der Münchner Brand war gleichsam noch nicht gelöscht, als eine andre Fackel in Europa aufflammte. Ich habe die Pariser Kolonialausstellung nicht gesehen. Aber die Nachricht vom Brande des javanischen Pavillons traf mich in einem merkwürdigen Augenblick. Unmittelbar vorher hatte ich im Haag die Darbietungen eines javanischen Tänzers gesehen, eines adligen Mannes, wie es hieß, der vor mehreren hundert Gästen Tänze im höfischen Stil vorführte, wie sie in seinem eignen Volk unter dem Druck europäisch-amerikanischer Zivilisationsgebräuche allmählich in Vergessenheit geraten. Eine ungeheuer fremde Welt! Fremd nicht etwa durch Wildheit, nicht durch urtümliche Leidenschaft, vielmehr durch ein Äußerstes an raffiniertem

Zartsinn, der so dicht bei Tod und Leiden wohnt, daß uns gerade diese Nähe anmutet wie das Grauen im Urwald. Und doch ist uns, was der Javaner in unübertrefflicher Meisterschaft ausdrückte und bildete, vielleicht nur scheinbar so abgründig fremd, und was uns daran ergreift, gehört zu den vergessenen und begrabenen Urbeständen der Menschheitsseele und damit auch unserer eignen.

Wir wissen von diesen fremden Völkern viel. Aber wir wissen es eben nur, ihr inneres Sein und Werden, die aufbewahrten Schätze ihrer Jahrtausende sind uns keine Gegenwart und kein Lebensbestand. Der Tänzer brachte sie mir seelisch nahe, wie sie den Besuchern der Pariser Ausstellung in Form von brokatenen Stoffen, von Skulpturen und Kultgefäßen nahegebracht worden sind. Mögen sie wie immer und sicher auf rechtliche Weise nach Europa geschafft worden sein: es waren Leihgaben, die köstliche Geheimnisse umschlossen. Ein Brand innerhalb unserer Zivilisation hat sie vernichtet. Bedeutsamer Vorgang. Sonderbare Mahnung. Wer sie verstanden hat, wird davon träumen müssen wie ein Kind vom Feuer.

Meine Einsamkeit

Freunde und Fremde, die mich besuchen, kommen meist aus dem Trubel der Städte, daher empfinden sie die Stille, die Weltentrückheit meines Hauses wie etwas Unerlaubtes, als dürfe man so nicht leben, so abgetrennt, so fern von Aufruhr und Wirrwarr. Es ist freilich schön, geben mir Blick und Miene zu verstehen, aber werden die Gebirgsmauern rundum nicht allmählich zum Bollwerk gegen eine Welt, die jeden fordert, jeden braucht und von dem er sich von ihr scheidet, um sich eine Existenz nach seinem Sinn zu bauen, auch ihrerseits sich löst? Andere wieder deuten nicht sehr taktvoll an, in einer so idyllischen Ruhe und Schönheit Buch um Buch zu schreiben, sei weiter kein Verdienst; während sie täglich den qualvollen Nerventod erlitten, sei es mir vergönnt, gleichsam mit Genien und Göttern Zwiesprach' zu halten. Ich lasse sie bei ihren Gedanken und Reden, daß ich sie still bei mir für Toren erkläre, verschweige ich, auch meine

Überzeugung, daß keiner von ihnen auch nur einen einzigen Herbst und Winter auf dem Posten bliebe. Andere wieder finden es gefährlich für den Schriftsteller, sich vom »Leben« zurückzuziehen und sich in einer reizenden Einöde zu vergraben (als sei der Schriftsteller ein Feuerwehrmann, der unbedingt zur Löscharbeit bereitstehen muß, als seien nicht genug Feuerwehrmänner da und der große Brand wachse nicht trotzdem undämmbar an). Auch diesen widerspreche ich nicht. Warum sollte ich auch? Es wäre ein fruchtloses Beginnen. Ich habe mir den Widerspruch abgewöhnt.

Ich weiß vollauf die Gnade zu würdigen, die mir das Schicksal gewährt hat, indem es mir diesen weltverlorenen Zufluchtsort als Stätte meiner Arbeit gab. Nach vielen Kämpfen, nach weiten Wegen und Umwegen, denn nichts, was man wirklich besitzt, kann lediglich Geschenk sein. Und wenn ich mich auch davor hüte, die Begeisterung zu ernüchtern und den Zweiflern ihre heimliche Nörgelei auszureden, so ist mir doch zu jeder Stunde bewußt, was es mit dieser Einsamkeit auf sich hat, der ich nun seit zwölf Jahren verhaftet bin. Ich kenne ihre Hinterhalte und Drohungen so gut wie ihre Verführungen und Beglückungen; ich habe sie ja Tag für Tag an Leib und Seele erfahren. Es hat, in jedem Jahr, viele Monate gegeben, wo ich ohne das nahe Wort eines Freundes war, Briefe und Bücher mußten den lebendigen Umgang, Gesellschaft, Theater, den wärmenden Anteil derer ersetzen, die im gleichbewegten Kreis mit einem leben. In den Jahren kurz nach dem Krieg, als jede Reise noch ein zu fürchtendes Abenteuer war und die Nachbarländer chinesische Mauern um sich errichtet hatten, wollten die Winter oft kein Ende nehmen, niemals lag der Schnee so hoch, starrten die Bergwände so feindselig, lastete die Stille über dem Tal so kerkerhaft, es war, als habe sich die Natur ihrer majestätischen Parteilosigkeit entledigt, um teilzunehmen am Haß des Menschen gegen den Menschen.

Einsamkeit in einer Landschaft, und sei sie die paradiesischste, will zu ertragen gelernt sein. Und hier ist von keinem Paradies die Rede, nur von einem schön gebildeten Tal, dessen grandiosen Abschluß ein Gletscher bildet, der ihm auch in den heitersten Frühlings- und Sommerstunden etwas Erhabenes verleiht, das keine richtige Vertraulichkeit aufkommen läßt. So dicht bei der Natur zu wohnen heißt, der ganzen Härte ihrer

Launen preisgegeben zu sein; der Wald, der Fels, der See haben viele Gesichter, und nicht immer freundliche; wenn im Herbst die frühen Nebel einbrechen, wenn in den Märznächten das Eis birst mit Lauten wie von einem kranken Riesen, wenn nach vieltägigem Regen die Wässer von den Gipfeln rinnen, wenn die Dezemberstürme das Haus in seinen Grundfesten erzittern lassen, da scheint alle Bindung zwischen mir und der Menschenwelt zerrissen, es ist, als hätte eine neue Sintflut mich von allen Lebewesen allein übriggelassen, und nur mein Weib ist noch da als wissender Kamerad, einsam mit dem Einsamen und das Gewicht der Einsamkeit mit mir tragend. Es waren Stunden, wo die ununterbrochene tragische Stille, die auf den gelegentlichen Einkehrgast wie eine scharfe, aber wohltuende Arznei wirkt, für uns zur bohrenden Qual wurde; da war dann eine Menschenstimme, die von weit her kam, von der fernen Straße, das Schlagen der Holzfäller im Forst, wie ein Gruß aus der Welt. An eine Gewöhnung im banalen Sinn ist nicht zu denken, der ganze Organismus wird mit der Zeit in einen hohen Spannungszustand versetzt, in eine Empfindlichkeit und Hellhörigkeit, die dem, der sein Leben als Glied der Masse zubringt, krankhaft und unverständlich dünken muß; die geringste Kunde von außen gewinnt dramatische Bedeutsamkeit; alles Charakteristische des Weltgeschehens hebt sich klarer und wahrer aus dem Wust des Nebensächlichen; Vergangenheit scheidet sich schroffer von der Zukunft, der Augenblick ist stärker in die Zeit gekerbt, die Gegenwart spürbarer und hastloser; die Menschen, mit denen man in der Ferne verbunden ist, entfalten sich reiner im Bild, ihre Züge werden wesentlicher, Böses und Gutes hat stärkeren Widerklang, man lebt in einem Zustand zwischen Traum und zweitem Gesicht, manchmal ist es, als wisse man alles Geschehen vorher, die Seele wird zur Prophetin, der Geist zum allgegenwärtigen Botschafter. Heißt dies, »sich vom Leben zurückziehen«? Nein; es ist eine Kette von Schrecken und Erschütterungen, für die das Herz gestählt sein muß, wenn man nicht Bauer von Geburt ist; es heißt besser sehen und hören und verantwortungsvoller fühlen; es heißt ununterbrochene Wachsamkeit und ein schmerzliches und beunruhigtes Mitleben in der Phantasie, das den, der es erleidet, unbedingt aufreiben würde, wenn er nicht die Möglichkeit hätte, sich in Form von Gestaltungen davon zu befreien. Aber dazu gehört Kraft, Geduld, Vertrauen und Selbststrenge, die Fähigkeit vor allem, es bei sich selber auszuhalten, zudem muß man beweisen können, daß man seine vorgeschriebene Zeit im Kampf abgedient hat, denn daß man sich etwas erspart und sich's ohne Tribut und Entgelt leichter macht, das duldet das Schicksal nicht, heute weniger als je; es scheint zu wissen, was es dem demokratischen Prinzip der Epoche schuldig ist.

Meine Landschaft, äußere und innere

Eine Rede

Ein Autor, der auf eine mehr als vierzigjährige Arbeit und auf ein mehr als zwanzigbändiges Werk zurückschauen kann, hat natürlicherweise, da die Dichter eine Art geistiger Eroberer sind, die Umwelt in vielen Formen und Gestalten in sich aufgenommen und als neue Form und Gestalt einheitlich, ich möchte sagen hieratisch gebunden, wieder vor sich und die Empfangenden hingestellt. Es ist ein Prozeß, den man beinahe mit chemischen Vorgängen vergleichen kann. In manchen Fällen ist es geradezu eine Umwandlung der Elemente. Wenn man z. B. eine Stiftersche Landschaft mit der Landschaft vergleicht, die dazu Modell gestanden ist, so fällt vor allem auf die Erhöhung oder Überhöhung, die Reinigung, nicht im Sinn einer billigen Idealisierung oder Romantisierung, sondern der Befreiung vom Unwesentlichen, den bildlosen Schlacken der Realität, eine Verwandlung, die das Grundgesetz aller Kunst ist. Wir können der Wirklichkeit nicht habhaft werden. Sie muß gestutzt, gekürzt, geknetet, ja, sie muß umgeglüht werden, und der Ofen, in dem die Umglühung vorgenommen wird, ist die Phantasie. In früheren Zeiten war dieser Prozeß ästhetisch bedingt. Er war dank fester Überlieferungen bedingt, die heute verloren gegangen oder aufgegeben worden sind. An ihre Stelle ist etwas wie eine biologische Notwendigkeit getreten, die Kenntnis von der tiefen Verwandtschaft einerseits und der tiefen Verschiedenheit andererseits der menschlichen Lebens- und Anschauungsformen mit und von den Begebenheiten der Natur und der Veränderbarkeit und dem Wechsel ihrer Grundgestaltungen. Und jeder Schriftsteller ist das Geschöpf seiner Epoche und sieht mit den Augen seiner Epoche, zunächst wenigstens, wenn er auch hinter den leiblichen Augen noch ein paar andere hat, die überzeitlich und außerzeitlich eingestellt sind.

Erste Eindrücke sind unverwischbar. In einer deutschen Landschaft von charakteristischen Zügen geboren, bot sich mir diese in meiner Jugend als Urbild aller Landschaft an. Sie hatte nichts Malerisches, nichts Süßes oder Holdes, ihre Herbheit und Strenge blieb nicht ohne erzieherische Wirkung. Wir wissen ja, daß äußere

Armseligkeit oft die Einbildungskraft befruchtet, weshalb auch aus den höheren Ständen so wenig Künstler von Weltgeltung hervorgegangen sind. Die Armseligkeit ist in diesem Sinn ein Spannungs- und Sehnsuchtserreger, ein Antrieb zu jenem Verwandlungswillen, der das innerste Geheimnis alles Dichtens ist. Man darf aber Armseligkeit nicht mit Einfachheit verwechseln. Nüchternheit ist nicht Bildlosigkeit, im Gegenteil, sie gewöhnt den Geist an eine gewisse Treue des Schauens und sie zwingt ihn, den Mangel äußerer Schönheit durch innere Konzentration auszugleichen, durch Veränderung des Blickfeldes, durch Vertiefung oder Versenkung.

Das Erlebnis Heimat läßt sich schwer in Worte fassen. Es hat eine unleugbare Ähnlichkeit mit dem Muttererlebnis. Es ist nicht nur anschaulich und atmosphärisch in uns gelegt, sondern auch mystisch und metaphysisch. Wir sind in der und der Stadt, an dem und dem Fluß, in der und der Landschaft nicht nur schlechthin und zufällig geboren, es ist kein selbständiger physiologischer Akt, wenn ich mich so ausdrücken darf, die Geschichte, die allgemeine Lebensform, der Generationenablauf, ein Jahrtausende umfassender Komplex, hat das Individuum gleicherweise miterzeugt, und so unterliegt es völlig unbestimmbaren Einflüssen, die sich in der Landschaft ausdrücken wie in einem Kristall, der das Ergebnis unerforschlicher Bindungen und Bindungsgesetze ist.

So war für mich und meine Entwicklung Nürnberg als Stadt und als historischer Begriff von entscheidender Bedeutung. Ein Kind kann natürlich nicht erfassen und ermessen, was ein gotischer Dom vorstellt oder ein Bildwerk von Veit Stoß, ein Gemälde von Dürer, es ahnt davon kaum den Hauch, aber verständlich und wahrnehmbar ist ihm, was daran Märchen ist, und immer wieder wird das Märchen frühestes Fundament der Wirklichkeit sein. Der Übergang zur Geschichte ist nichts weiter als die zwangsläufige Gewöhnung an Tatsachen. Jedoch keine Tatsache, kein Ereignis und keine Katastrophe können die Struktur der Wurzel verändern, die in das unendliche, in das dunkle Erdreich der Zeiten hinabgeht. Wenn wir als Kinder auf dem Marktplatz spielten, wenn man uns die Sage vom Schönen Brunnen erzählte, wenn wir uns in den engen, dunklen Gassen herumtrieben, unter den großbogigen Haustoren, in alten düstern Speichern, auf den steinernen Brücken und in den halbverfallenen Türmen, dann war das alles gelebte Geschichte, Wandlung der Zeit war noch nicht im Bewußtsein, d. h. die Jahrhunderte hatten keine Namen, das Bild war von aller Bildung entfernt. Und das Bild ist unverwischbar in mir haften geblieben, obwohl es sich nach und nach zu einer geistigen Stimmung sublimiert hat, deren Niederschlag sowohl in den »Juden von Zirndorf« als auch im »Gänsemännchen« und im »Caspar Hauser« zu finden ist. Aber noch etwas verdanke ich dieser Stadtlandschaft, ich möchte um so weniger versäumen darauf hinzuweisen, als es zu einer Disziplin geführt hat, die im Deutschen vielfach unterschätzt wird, ich meine das Architektonische einer Dichtung, einer Erzählung, eines Romans, ihren Aufbau, ihre Gliederung und Steigerung. Ich bin sicher, daß die frühe Anschauung organischer Kunstgebilde meine Aufmerksamkeit instinktiv auf das Wesen des Bauens und das Gesetz der Konstruktion gelenkt hat. Ich erinnere mich, ich kann nicht älter als acht Jahre gewesen sein, als ich eines Tages vollständig verzaubert vor der Lorenzkirche stand und die gotische Rosette anstarrte, die mir als etwas geradezu Unbegreifliches erschien. Und vielleicht darf ich noch dies bemerken, daß mein Glaube an die Gestalt, die dichterische Gestalt, die Überzeugung, daß in ihr die Gipfelung der Kunst, das Wesen des Schöpferischen überhaupt liegt, sicherlich nicht in mich eingedrungen wäre, wenn ich nicht in der ersten Jugend so viel geschaffene Gestalt vor Augen gehabt hätte, die sich freilich bewußt erst sehr spät in meinem Leben ausgewirkt hat, denn am Anfang war da viel Chaos und Finsternis.

Ich will meiner Vaterstadt Fürth, die wie eine klein gewachsene Schwester neben Nürnberg steht, gewiß nichts Schlechtes nachsagen, aber etwas eigentümlich Formloses war ihr von jeher eigen, etwas Karges und Dürres, und schon bald hatte ich die Empfindung, daß diese Nachbarschaft etwas wie ein Seelenschicksal für mich bedeutete, eine Verschwisterung von Urtümlichkeit und Spätgeborenheit, von Kunst und Industrie, von Romantik und Fabrik, von Form und Auflösung, von Gestalt und Ungestalt. Schon mit zehn Jahren hatte ich begonnen, weitläufige Wanderungen durch die Landschaft zu unternehmen und nie hat mich dabei ein Gefühl unentrinnbarer Traurigkeit verlassen. Die Härte der Konturen, die Eintönigkeit der Aspekte, die völlige Abwesenheit dessen, was dem kindlichen Gemüt als poetisch oder lieblich erscheint, hatte, ich kann es heut' natürlich besser beurteilen als damals, in meinem gesamten Weltverhältnis ein gewisses sehnsüchtiges Frieren erzeugt, etwa so wie wenn ich in einem früheren Dasein eine Landschaft von ganz anderer Art, ja von ausgeprägter Gegensätzlichkeit erlebt hätte. Als ich im Jahr 1905 den Roman »Alexander in Babylon« veröffentlichte, wurde ich mit einem Orientreisenden bekannt, der das Buch gelesen hatte und mir sagte: Sie müssen ziemlich lange dort in Kleinasien und Persien gelebt haben. Ich antwortete: Nein, ich bin niemals dort gewesen. Er sagte: ich würde es nicht glauben, wenn Sie es nicht selber sagten, denn die Landschaft in dem Buch ist so geschildert und dargestellt, daß ich es nicht für möglich gehalten hätte, jemand könne dies zustande bringen, ohne wenigstens einmal dort gewesen zu sein. Ich habe später oft über dieses Wort nachgedacht, auch über das ganze Phänomen. Wie ich im Bereich der Kunst an eine präexistente Form glaube, und an eine eingeborene Form, die mit einem Werk von selbst entsteht, ja in ihm drin ist, gleichsam ehe es geschaffen wurde, ähnlich wie die Statue im Marmorblock drinsteckt, so glaube ich auch an eine präexistente Landschaft, die auf dem beruht, was ich das Generationengedächtnis nenne. Hier beginnen freilich verwirrende Rätsel. Man tut gut daran, sie nicht rationalistisch lösen zu wollen. Der befruchtende Keim liegt wohl innerhalb der Phantasie, aber die Phantasie hat ja auch wieder ihre Abkunft und Herkunft und in jedem Menschen ihre eigenen Gesetze. Wir machen ja oft die merkwürdige Erfahrung, daß Gegenden und Städte, wenn wir sie kennenlernen, mit unserer Vorstellung nicht nur nicht übereinstimmen, sondern daß sie sogar in der Vorstellung richtiger waren als in der Wirklichkeit. Es klingt paradox, aber es ist so. Ich habe einen Mann gekannt, der mir in Amerika sehr unwillig sagte: Amerika ist falsch, ich bedaure es, daß ich herüber gekommen bin, ich hatte es in meinem Kopf viel richtiger. Eine verschrobene Äußerung, allein es steckt etwas darin von einem Idealismus, der aller Phantasietätigkeit eigen ist. Landschaft braucht nicht ein unmittelbares Erlebnis zu sein, sie kann auch ein Inbild sein.

Von Geburt her bin ich ein Mensch der Ebene. Es lassen sich drei Arten von biologischen Charakterbildungen unterscheiden: Mensch der Ebene, Mensch des Meeres und Mensch des Gebirges. Es sind elementare Verschiedenheiten.

Einflüsse des Luftdrucks, des Klimas, der Wolkenbildung, der Feuchtigkeit, der Vegetation, der Gesteinsarten kommen tiefer in Betracht als wir bis jetzt erforscht haben, denn die Feststellungen der Wissenschaft haben sich mehr auf das Geographische und Ethnographische, auf das historisch und national Bedingte bezogen als auf das Magisch-Tellurische, das hier wirksam ist. Es ist eine ganz andere Art der Augeneinstellung, die der Mensch der Ebene und des Meeres hat als der des Gebirges. Sein Blick lebt sich horizontal aus, der des anderen vertikal. Das geht bis in die Lebensauffassung hinein, bis in die Gottesauffassung. Wir wissen ja, daß die eigentlich religiösen Völker Wüstenbewohner oder Wüstenanwohner waren, jedenfalls solche, deren Blickfeld eine Unendlichkeit in der Fläche war; es scheint, daß die Phantasie von der Fläche entscheidender bewegt wird als von der Höhe. Ich entsinne mich des Anblicks großartiger Sonnenuntergänge in meiner Jugend, mit deren Bild der Begriff Ebene seitdem verschmolzen ist. Sandgegend und schwaches Flußgefälle erzeugen eine Art perennierender Melancholie, die lebensbestimmend sein kann. Visionäre Eigenschaften eines Menschen werden genährt durch die Eintönigkeit einer

Landschaft. Der äußere Raum und der Seelenraum stehen in einem nachweisbaren Zusammenhang.

Wenn man von einem erhöhten Standpunkt des Lebens und der Erfahrung aus zurückblickt, verlieren alle Ereignisse ihr Zufälliges und erscheinen im Lichte der Bestimmung und des Schicksals. Die Verpflanzung in österreichische Welt und Landschaft, die ich um mein siebzehntes Jahr erlebte, erst nur vorübergehend, später dauernd, hat im Lauf der Jahrzehnte zu Veränderungen geführt, die sowohl konstitutionell als auch seelisch-geistig waren. In früheren Epochen war ein Dichter ohne das Erlebnis Weltstadt wohl zu denken, heute nicht mehr, schon am Ende des neunzehnten Jahrhunderts nicht mehr. Damals begann die Weltstadt, gleichsam Stadt an sich, ihre soziale Rolle zu spielen, und kein Schriftsteller, der aus dem Leben seiner Zeit heraus schuf, konnte sich ihrem Einfluß entziehen. Die französische Literatur hatte uns schon ein halbes Jahrhundert vorher das Beispiel gegeben; Paris war nicht nur politisch, gesellschaftlich und geographisch der Herzpunkt des Landes und der Nation, sondern auch dichterisch etwas wie ein Symbol. Deutsche Welt und deutsches Leben haben einem solchen Zentrum widerstrebt. Der Nachteil, der sich daraus ergab, war der, daß es niemals zur Bildung einer eigentlichen Gesellschaft gekommen ist, der Vorteil war eine größere Buntheit, Vielfältigkeit und seelische Freiheit, die etwas hervorbrachte, was es bei anderen Nationen kaum gibt, etwas was ich den Triumph der Provinz nennen möchte, die uns große Erscheinungen geschenkt hat wie Gottfried Keller, Mörike oder Stifter. Es liegt eben dem Phantasieschaffen der Deutschen ein ganz anderes Stammesverhältnis zugrunde, das in der Zersprengung, so beklagenswert dieses politisch auch ist, neue Bindungen, neue Reibungen und neue Zündungen erzeugt.

In gewissem Sinn bildete Wien für mich eine Ergänzung des Erlebnisses Nürnberg. In anderem Sinn wieder verwischte es dieses Erlebnis völlig. Denn hier war die Anschaulichkeit nicht mehr, auch die Reinheit des Eindrucks nicht. Der Einschlag von slawischer und südlicher Welt und die damit verbundene politische und soziale Unruhe richteten mein Augenmerk früh auf die Möglichkeit von Katastrophen. Ich kam zum ersten Mal nach Wien kurz nach dem Tod des Kronprinzen Rudolf. Es ist jetzt über vierzig Jahre her, aber ich erinnere mich noch genau des gewaltigen Aufruhrs im Volk. Ich arbeitete damals in einer Fabrik und war daher in der Lage, die Begebenheiten stärker mitzuerleben als irgendein Zuschauer. In jenen Tagen wurde mir der Sinn der österreichischen Existenz unbewußt offenbar, als Bild und als Schicksal, ich saß gewissermaßen an der Wurzel des großen europäischen Kampfes zwischen Liberalismus und Autokratismus, zwischen Individuum und Staatsgewalt; da in diesem Fall ein Thronfolger der Repräsentant der Freiheit und der Persönlichkeit war, der Rebell geradezu, hatte dies eine unabsehbare Wirkung auf die Gemüter und wirkte sich weithin durch alle Schichten zersetzend aus. Ich habe es beobachten können durch lange Jahre. Es gab in dem Betrieb, in dem ich angestellt war, einen jungen Vorarbeiter, der sprach, obwohl er Revolutionär durch und durch war, vom Kronprinzen wie von einem Heiligen. Diese Verquickung von dynastischen und umstürzlerischen Gefühlen ist sehr österreichisch, und für mich mußte das Problematische in einer solchen Natur äußerst anziehend sein. Derselbe Mann war es auch, der mich, als leidenschaftlicher Tourist, zuerst in die Berge führte. Es war erschütternd, für den Menschen der Ebene umwälzend neu, eigentümlich dramatisch. Ich habe in jener Zeit vielerlei Arten von Landschaftsleben kennengelernt: das amateurhafte freiwillige und das im Zwang und in der Fron. Ich fand das erste unfruchtbar, weil es nur innerliche Luxusbedürfnisse befriedigte, das zweite wohl schmerzlich und schwer tragbar, aber den Geist mit unvergänglichen Eindrücken begabend. Charakteristisches Beispiel des zweiten ist das Militärdienstjahr, das ich in Würzburg absolvierte. Da lernte ich die unterfränkische Landschaft, diese Herzlandschaft Deutschlands, nicht bloß äußerlich kennen, ich erfuhr sie, ich erlitt sie, denn es waren ja der Drill und das Reglement, die mich in sie versetzten, in tagelangen Märschen, in Nachtübungen, in Manövern, schwer bepackt, unter Anstrengungen, denen ich, ein Siebzehnjähriger damals, nur durch den entschlossenen Willen gewachsen war, sonst hätte der Körper versagt. Ich erlitt die wunderbaren Wälder, die baumbestandenen Hügel, den Strom, die friedlichen Dörfer, den finsteren Spessart, die alten Klöster, die historischen Städte, durch alle Jahreszeiten, durch alle Arten von Wetter. Solche leidend erlebte Landschaft bleibt dem Gedächtnis unverwischbar eingetragen und bestimmt auch den geistigen Weg dessen, der sie erlebt. In einem meiner wenigst bekannten Bücher, das ich selbst am meisten liebe, dem »Aufruhr um den Junker Ernst«, hab ich sie mir innerlich verewigt, ob auch nach außen hin, kann ich natürlich nicht wissen. Durch die strenge Zucht, in der ich die Landschaft damals in mich aufnahm, den Widerstand gegen eine Disziplin, die zu jener Zeit alle rebellischen Instinkte in mir wachrief, wobei ich aber zugleich lernte, diese Instinkte zu besiegen und einer Idee der allgemeinen Ordnung zu unterwerfen, durch diese Zucht, sage ich, wurde mir vielleicht die Landschaft selbst zur Idee, zu einem notwendigen Teil des Lebens; sie war nicht mehr Schmuck, nicht mehr Ausflugsobjekt, nicht mehr Abenteuer eines Städters, sondern Zubehör des Seins, Ausdruck einer Geistesart und formbildend. In der Tat ist es ja so, daß jede Landschaft, die uns in irgendeiner Weise zum Schicksal wird, einen ganz bestimmten Rhythmus in uns erzeugt, einen Gefühlsrhythmus und einen Denkrhythmus, meistens ganz unbewußt, daher um so entscheidender. Man müßte so weit kommen können, daß man aus dem Tonfall der Prosa eines Dichters die Landschaft erkennt, die in ihr verborgen ist wie der Keim in der Frucht. Aber das führt wohl ein wenig ins Okkulte, obschon ich gern wissen möchte, was für Gesichter unsere Kritiker und Literarhistoriker machen würden, wenn sie genötigt wären, es ohne die Firmentafel des Autors zu ergründen. Die Verlegenheit wäre groß und alle Rassentheorien und Einschachtelungsversuche wären mit einem Mal aufs schönste ad absurdum geführt, denn wer wollte z. B. in »Peter Schlemihl« die Handschrift eines geborenen Franzosen, in den Manifesten Napoleons die Sprache des Italieners erkennen. Die Geheimnisse der Natur liegen eben nicht so offen auf der Hand wie der Paß und das Standesamtsregister. Die freilich machen es ohne weiteres möglich, den Geburtsschein in ein künstlerisches Leumundszeugnis oder Verdammungszeugnis umzudeuten.

Von meinem zwanzigsten Jahr ab war das Wandern ein Teil meiner Existenz und bis in das dreißigste waren die Not, die Asyllosigkeit wie auch eine innere Unrast der Antrieb dazu. Ich bin kreuz und quer durch ganz Süddeutschland gewandert, habe im Schwarzwald in Holzhütten genächtigt, bin zu Fuß, nicht nur auf Schusters Rappen, sondern auf nackten Sohlen in die

Schweiz gezogen und habe oft statt einer Zimmerdecke auch nur den nackten Himmel über mir gehabt. Als ich seßhaft wurde, war es nur dem äußeren Schein nach. Nirgends hielt es mich lange, und wenn ich drei Monate in einer Stadt zugebracht hatte, trat ein Zustand von Lufthunger ein. Berg und Gebirge zogen mich immer lebhafter an. Ich war monatelang unterwegs, wie um die mir gemäße Landschaft zu suchen. Zwischen meinem dreißigsten und vierzigsten Jahr bin ich in Italien von Stadt zu Stadt gezogen, aber alles Entzücken über die Schönheit, alle Sehnsuchtsbefriedigung konnte mich auf die Dauer nicht festhalten. Nach einer Weile verlangte mich nach einem Wald, nach einer Wiese, einem schattengebenden Baum, ja sogar einem schweren Wolkenhimmmel. Der Süden rief mich, aber dem Norden war ich zu eigen. So fand ich dann den Ort, an dem ich mich dauernd niederließ, das Tal im steirischen Gebirge, und diese Landschaft wurde mir zum Freund wie einem ein Mensch zum Freund wird, nach jahrelanger Erprobung, Erprobung des Winters und des Frühlings, des Bodens und der Atmosphäre, der Menschen und der Bäume. Es war deshalb auch kein plötzlicher Entschluß, es war die langsame Erfahrung eines wohltätigen Einflusses. Es war nicht nur die Einsamkeit und Stille, die mich lockten und allmählich festhielten, es war im höheren Grad eine, wenn ich so sagen darf, übersinnliche Bindung. Ich merkte immer deutlicher eine konstitutionelle Übereinstimmung zwischen der Landschaft und mir, eine Übereinstimmung, die in dem liegt, was ich den Rhythmus der Landschaft genannt habe und die sich für mich wohltätig erkennbar im geistigen Schaffen spiegelte, so daß ich nur da mit allen Sinnen wach war, nur da alle Gesichte die Überzeugungskraft hatten, und mit dieser Erfahrung stand ich vor einer magischen Tatsache. Ich bin noch heute der Ansicht, daß eine Influenz des Gesteins vorliegt, des Minerals, damit des Wassers und der Luft; dadurch werden ja auch alle äußeren Formen sinngemäß bedingt, die ruhende Fläche des Sees, die ineinander geschobenen Kulissen der Hügel bis hinauf zu dem beherrschenden Gletscher, das Ganze von einer harmonischen Ordnung ohne Beispiel, als ob die Hand des Schöpfers hier mit besonderer Liebe ans Werk gegangen wäre. Ich habe versucht, im »Goldenen Spiegel« davon ein Bild zu geben; ich besitze eine Art Landschaftstagebuch, das ich nicht veröffentlicht habe und das Zeugnis ablegt von dem lebendigen Verhältnis zwischen einem geistig schaffenden Menschen und seiner Wahlheimat.

Ich sprach vom Gestein, vom Fels, vom Berg. Es gibt gewiß ein Gesetz, das uns über die Beziehung aufklären könnte, in welchem die anscheinend tote Erdmasse zu den lebendigen Geschöpfen steht. Die Tiere sind wohl durch ihren Instinkt darüber besser unterrichtet als wir. Es ist eine bekannte Tatsache, daß Mäuse in hellen Scharen eine Gegend verlassen, die von einem Erdbeben bedroht ist, und zwar lange Zeit vorher. Daß Vögel einen Sturm ankündigen, der erst nach vierundzwanzig Stunden eintritt, wissen alle Seeleute. In unserer Gegend ist es Regel, daß vor großen Schneefällen die Meisen aus der Höhe zu Tal kommen. Bei vielen Mystikern findet man die Anschauung, daß alle Kreatur von allem Element wisse, und daß auch das Element sich unter Umständen kreatürlich gebärde. Ich erinnere an den Satz von Görres, der da sagt, wenn der Most ins Gären kommt, wird auch aller Wein in Fässern und Schläuchen unruhig. Ich habe am eigenen Leibe verspürt, daß eine Veränderung mit mir geschieht, wenn ich vom Kalkgebirge ins Urgebirge aufbreche, auch bei gleichbleibender Höhe; es ist als ob die roten und weißen Blutkörperchen sich anders mischten, und daraus ergeben sich andere Stimmungen und andere Gedanken. Die Landschaft, in der ein Mensch lebt, ist nicht ein Rahmen um das Bild, sie geht in ihn hinein und wird ihm Wesen. Bei den wilden Völkern ist das natürlich viel klarer erkennbar als in den Bezirken der Zivilisation. Deshalb spielen Flüsse, Wüsten, Oasen, Haine eine so große Rolle in der Mythenbildung, die oft nur das Landschaftserlebnis ganzer Generationsketten ist.

Man hat mir häufig vorgeworfen, daß die Landschaft, im weiteren Sinn die Natur, in meinen Büchern nur geringen Raum einnimmt. Darauf ist schwer zu antworten. In der Tat habe ich mich niemals auf Landschaftsschilderungen ausdrücklich verlegt. In früheren Jahren ging es mir ein wenig wie einem meiner Söhne, der, als er acht Jahre alt war, eines Tages zu mir sagte: ich hasse es, wenn eine Geschichte beginnt: es war ein taufrischer Morgen, eine Quelle rieselte über die Wiese ... ich hab' gern, wenn es anfangt: Halt! rief eine Stimme aus dem Dunklen. Es ist nicht zu leugnen, diese kleine Anekdote bezeichnet zwei Gesetze der Epik: den ruhigen Fluß und die katastrophische Bewegung. Nun geht aber die Landschaftsdarstellung als solche und um ihrer selbst willen durchaus gegen das Dynamische und Sinnfällige eines erzählten Vorgangs. Wenn man die Romanliteratur des neunzehnten Jahrhunderts durchblättert, stößt man immer wieder auf langatmige Beschreibungen von Gegenden und Millieus, die je weniger anschaulich werden, je ausführlicher sie sind.

Eine Kunst, die sich Gestaltung von Mensch und Menschenschicksal zum Ziel setzt, kann nicht bei schwärmerischen Lyrismen verweilen, so wenig wie ernsthafte Hochtouristen sich unterwegs mit dem Bestaunen von Baumgruppen aufhalten; ihr Unternehmen wird durch eine fortlaufende strenge Bewegung geregelt. Nur indem sie ihren Rhythmus innehalten, erfüllen sie ihre Aufgabe. Ich habe immer getrachtet, das Landschaftliche in die Figur hineinzupressen, damit es als charakterisches Merkmal, als Zeichen seiner Zugehörigkeit wieder aus ihr heraustrete. Ich bitte um Verzeihung, wenn ich wieder auf eines meiner Gebilde hinweise. Es gibt eine Bauernnovelle von mir, »Adam Urbas«, die ich neunzehnmal geschrieben habe. In die ersten Fassungen hatte ich viel von der fränkischen Landschaft hineingenommen. Dadurch wurde das Bild sozusagen doppelt, und alles Doppelte ist störend für die Phantasie. Nachdem ich auf die direkte Landschaftsmalerei einfach verzichtet hatte, zeigte sich's, daß viel mehr Landschaft darin war als vorher.

Aber nicht nur das nenne ich innere Landschaft. Die Bedeutung dieses Begriffs fasse ich viel weiter. Ich verstehe nicht bloß darunter die Landschaft, die in der Figur als ihr Geborenes liegt, also bei dem Bauern Urbas das südliche Franken, oder im Caspar Hauser die Dämmererinnerungen an einen fürstlichen Hof, oder im Sturreganz die ansbachische Welt des achtzehnten Jahrhunderts, sondern in viel höherem Grad meine eigene innere Seelenlage, durch welche die der Gestalt entsprechende Landschaft produziert wird, ja noch mehr, durch die die Gestalt selbst, das ganze Gefüge der Gestalten zustande kommt. Das ist nicht ganz leicht zu verstehen. Ich will versuchen, es zu erklären.

Alles dichterische Schaffen ist nur zu einem Teil auf die wirkliche Welt bezogen, auf tatsächliche Erfahrungen und Beobachtungen; zum andern Teil, der wahrscheinlich der wesentlichere ist, besteht es aus Traum und Vision. Selbst wenn wir die naturalistischen Schilderungen wie etwa bei Zola oder die unvergleichlich wahre Darstellung einer Jagd, eines Wettrennens bei Tolstoi oder des Lebens der Weber bei Gerhart Hauptmann für eine kunstlose oder mühelose oder aktuelle Übertragung aus der Realität hinnehmen, unterliegen wir einer groben Täuschung, und diese Täuschung ist ja auch der Zweck und der Triumph ihres Veranstalters, denn alle Kunst beruht auf einer scheinbaren Gleichartigkeit und Gleichsinnigkeit mit dem Leben, ist aber vom wirklichen Leben ungefähr so verschieden wie eine Pyramide von der Brennerei, in der die Ziegel hergestellt werden, aus denen sie gebaut ist.

Was ich an Traum und Vision in mir trage, setzt sich nicht nur aus eignem Erlebten zusammen, sondern ist auch Vorfahrenerlebnis, Blutserlebnis, das nur individuell vergessen werden kann, das aber in der Reihe der Geschlechter ewig ist.

Vielleicht rührt daher auch das bekannt Phänomen, daß man eine Begebenheit oder eine Situation schon einmal gelebt zu haben glaubt, obwohl man sich auch hier vor rationalistischer Betrachtung hüten muß. Diese Dinge sind ja viel geheimnisvoller und verborgener als wir irgend ahnen.

Im Grunde beruhen alle sittlichen Grundregeln, alle religiösen Regungen und alle geistigen Strömungen eines Menschen auf tief verwurzelten Stammeserinnerungen. Ich schaffe also nur scheinbar aus meinem persönlichen Willen heraus. Es ist eine Jahrtausendlandschaft, in der ich mich unbewußt bewege. Es bedarf nur eines leisen Glockenschlags der Phantasie, eines Stichworts von drüben, wo die Träume sind, und ich bin, wo ich nie gewesen, ich gehe Wege, die ich nie gekannt. Die innere Landschaft, in vielen Verlagerungen, in unendlichen Verschichtungen bis auf den Urgrund der Zeiten hinab, formt nicht bloß die Seele, sondern gibt auch dem menschlichen Antlitz seine einmaligen Züge.

Aus dem Gebrodel einer unübersehbaren Fülle bildet die Natur mit ihrem Riesenvermögen an Zeit stets doch nur ein Einmaliges. Diese Erkenntnis scheint sich immer deutlicher und schicksalhafter durchzuringen, und darum ist das Kernproblem des heutigen Menschen das Problem der Zeit und das Problem der Einmaligkeit.

Meine innere Landschaft ist also das Vorgebildete in mir, was von Natur aus unsterblich ist. Mein Geist und Wille zielen auf Einmaligkeit im Sein und wissen von nichts anderem. Mein Gemüt hingegen auf Allgestaltigkeit im Gewesenen und somit auch im Zukünftigen. Das sind Axiome, die auf der einen Seite ans religiöse Gebiet streifen, auf der andern durch die Wissenschaft bestätigt werden.

Eine der merkwürdigsten und aufschlußreichsten Entdeckungen der Biologie ist die, daß die Veränderungen der Gehirnmassen keine Veränderung des Ichgefühls hervorrufen, wohl aber die der Blutbeschaffenheit und des Kreislaufs. Dort, wo innere und äußere Landschaft sich berühren, das Mythische und Dauernde in die abgegrenzte Zeit mündet, entsteht die Persönlichkeit, und jede Dichtung, jede Tat, jedes Werk ist das Ergebnis eines Schmelzprozesses zwischen Greifbarem und Ungreifbarem, zwischen Inbild und Bild, zwischen Idee und Tatbestand, zwischen Ahnung und Gestalt. Die äußere Landschaft der Welt bedarf keiner Entdecker mehr, nur was sie seelisch wirkt und auswirkt, ist uns zum Teil noch unbekannt. Die innere des Menschen aber ist vielfach noch eine terra incognita, und unsere sogenannte Psychologie ist, wenn wir dieses unbekannte Land erleuchten wollen, nur ein dürftiges Lämpchen.

Den Nachweis einer durch die Elemente und die chthonische Lagerung bedingten Geistes-

und Seelenentwicklung braucht ein Schriftsteller ja nicht eigens zu erbringen. Er ist in und mit seinem Werk gegeben. Nun kommt aber, in meinem speziellen Fall, zu dem bisher Erläuterten hinzu, daß ich Jude bin. Meine landschaftliche Zugehörigkeit hat also einen Hintergrund, so höre ich wenigstens, seit ich denken kann, so versuchen mir diejenigen, die mir gleichsam die Luft nicht glauben, in der ich atme, glauben zu machen, einen Hintergrund, der in Widerspruch stehen soll zu allem Anschaulichen, zu meinem natürlichen Erlebnis, zu meinen geistigen Verbundenheiten. Zunächst scheint es ja so, als wäre es nicht ganz leicht, einen Zusammenhang aufzudecken zwischen der Landschaft eines Dichters, sei es die äußere, sei es die innere, und seiner Herkunft im Blute, seinem religiösen Bekenntnis, oder auch nur dem, was man Konfession nennt, ein Begriff, dem zur Stunde freilich keine rechte Realität mehr zukommt. Jedoch handelt es sich dabei um eine Unterscheidung, die nicht von mir gefällt wird, sondern in die ich durch die Verhältnisse gedrängt werde. Objektiv betrachtet, im Sinne des reinen Seins, als Mensch, als schwaches Instrument, dessen sich die Gottheit unter andern zur Deutung ihrer Rätsel bedient, als Bildner von

Gestalten und Symbolen, dem die Sprache verliehen ist, damit er sich verkünde, das heißt eigentlich den Menschen und das Herz des Menschen, würde ich eine solche Entscheidung nie und nimmer zu treffen haben, nur die Gegenbewegung nötigt sie mir auf, indem sie das Gesamte meiner Leistung und meiner Wirkung bezweifelt und mich in eine Verteidigungsstellung zwingt, die wider die Natur, wider den Geist, wider die Kunst und wider die Wahrheit ist. Ich gestehe aber offen, daß mir dies nicht liegt. Ich wage zu behaupten, daß es der Würde nicht entspricht, die ich mir anmaße. Wenn ein Künstler sein Geschaffenes sollte rechtfertigen müssen, das in ihm entstanden ist durch den geheimnisvollen Trieb, den die Schöpfung kennt, durch sein unveränderliches So-Sein, durch das Gesetz, nach dem er angetreten, dann bewegt er sich im Widersinn, dann begeht er Selbstleugnung und Selbstverrat. Ich will mich nicht verleugnen, ich will mich nicht verraten. Die mir die Mitgewachsenheit bestreiten, die das Blut in mir... Blut! als könne Blut ein Merkmal der Auserwähltheit sein oder der Bemakelung, als könne Blut geeicht und nach Karat bestimmt werden wie Gold, als ob wir nicht alle mit demselben Blut in dieselbe Welt der Schmerzen verdammt wären ... die dieses Blut in mir zum Vorwand nehmen, um mich in eine minderwertige Kategorie der menschlichen Wesen zu versetzen, die glauben mir auch die Landschaft nicht, aus der ich komme und in der ich wirke und für deren Legitimität ich keine andern Beweise habe als mich und mein lebendiges Gefühl. Ist es wahrhaftes Leben, was ich hervorgebracht habe, so ist jede Zeugenschaft entbehrlich, ist es das nicht, so kann es keine Advokatenkunst und keine Kampfhandlung dazu machen. Ich weiß auch keinen Richter, auf den ich mich dabei stützen könnte als die innere Stimme und die Stimme derer, die mir sagen, daß ich für sie da bin, für die Gemeinschaft, für die Welt. Nehmen Sie dies als ein Bekenntnis. Bin ich doch von Grund und Uranfang auf dem verhaftet, was ich forme und was als Erbgut der Geschichte, Stammesgeschichte, Landschaftsgeschichte, Seelengeschichte schicksalsmäßig mit meinem Wesen verwoben ist und mein Leben von Stufung zu Stufung gestaltet. Und mich dünkt, dies ist nicht mehr ein geistiges Bekenntnis, es ist ein religiöses. Wenn anders Religion die demütige Verfallenheit an eine unbekannte obere Macht ist, die wir für heilig erklären, weil sie den irdischen Maßen und Bindungen entrückt ist. So und nur so bin ich Jude, bin ich Deutscher, bin ich Mensch.

Nachwort

Vor 51 Jahren ist dieses Buch zum ersten und bisher einzigen Mal erschienen, nicht in Deutschland freilich, in Österreich oder der Schweiz, sondern beim Querido Verlag in Amsterdam – bald zwei Jahre, nachdem Jakob Wassermann am Morgen des 1. Januar 1934 im steiermärkischen Altaussee, wo er seit 1899 fast alle Jahre sommers und seit 1919 ständig gewohnt hatte, gestorben war; in äußerster finanzieller Bedrängnis und ohne die Hoffnung, als der noch leben zu können und zu gelten, der er war: Deutscher und Jude, beides ganz und zugleich. Ein *Tagebuch aus dem Winkel* gelegentlich zu veröffentlichen, hatte Wassermann seit Mitte der zwanziger Jahre im Sinn, doch immer wieder schob sich anderes vor. Jetzt, 1933, wurde es zu einer Entscheidungsmarke auf seinem Weg ins publizistische Exil. Dabei war das Buch noch nicht einmal fertig. Und so, wie es 1935 veröffentlicht wurde und endlich hier wieder vorliegt, war es ursprünglich nicht geplant. Weitere Erzählungen sollten hinzukommen – als Nachrichten aus dem »Winkel«, dessen geographischer Name eben Altaussee lautet, und der, wie die vier abgeschlossenen Geschichten zeigen, durchaus kein Herrgottswinkel war oder ist; auch an jenen vier gedachte Wassermann noch zu feilen, aber weder seine persönliche noch die politische Situation haben dies erlaubt.

Zunächst mußte es Wassermann darum gehen, den Roman *Joseph Kerkhovens dritte Existenz* zu Ende zu bringen, mit dessen Niederschrift er im Mai 1932 begonnen hatte und dessen Erscheinen seine zahlreiche Leserschaft ungeduldig zu erwarten schien. Der *Fall Maurizius* war 1928, *Etzel Andergast* 1931 vorangegangen; in Aussicht stand nun das Buch, das die Folge abschließen sollte, ohne daß übrigens die drei Romane inhaltlich direkt zusammenhängen oder einander fortsetzen, auch stilistisch unterscheiden sie sich gründlich. Im ersten Roman hatten der sechzehnjährige Schüler Etzel Andergast, im zweiten der Arzt Joseph Kerkhoven so viel Figur gewonnen, daß sie sich mit Romanschluß nicht einfach vergessen ließen, weder für Leser – denen ein auf sich selbst bedachter Schriftsteller niemals willfährt – noch für den Autor. Der fand sich von seinen Gestalten gefordert, wollte sie freilich auch loswerden; deswegen verwandelte er sie und führte sie anderswohin. Als Wassermann am 30. Oktober 1933 unter *Joseph Kerkhovens dritte Existenz* den Schlußpunkt setzen konnte, mußte er sich jedoch fragen, wo denn der Roman erscheinen solle, und das hieß jetzt: dürfe. Denn mit seinem angestammten Verlag, S. Fischer in Berlin, wurde es schwierig. An ihn war Wassermann bis Ende 1934 vertraglich gebunden. Für die Publikationsgeschichte von Büchern erwärmen sich meist nur die ›Leute vom Fach‹; freilich könnte manches Buch auch anderen Lesern noch interessanter werden, wenn sie etwas von seiner Geschichte wüßten, zumal wenn es wie hier um politische deutsche Geschichte geht. Deshalb sei einiges skizziert.

So, etwa, sah es aus: seit dem *Gänsemännchen*, 1915, und *Christian Wahnschaffe*, 1919, dem ersten Welterfolg eines deutschen Romanciers, war Wassermann einer der beliebtesten deutschen Erzähler; auch der zunächst nicht sonderlich erfolgreiche *Caspar Hauser*-Roman wurde nun ein viel gelesenes Buch, *Der Fall Maurizius*, in zunächst fünfundzwanzigtausend Exemplaren erschienen, hatte 1932 das 110. Tausend erreicht, und von *Etzel Andergast* waren im selben Jahr nahezu fünfundfünfzigtausend Exemplare verkauft. Dennoch stand der Autor zu Beginn des Jahres 1933 bei seinem Verlag mit 40 000 Mark in der Kreide. Weshalb? Verschwendungssucht? Vielleicht auch das, denn Wassermann lebte auf großem Fuße (ging aber, wie seine zweite Frau, Marta Wassermann-Karlweis, erzählt, immer in ausgetretenen und zerbeulten Schuhen einher), und in Altaussee bewohnte er die schöne Andrian-Villa. Indes hatten die allgemeine wirtschaftliche Notlage und die immer bedrohlicher wachsende Arbeitslosigkeit den Absatz von Büchern, nicht nur derjenigen Wassermanns, drastisch zurückgehen lassen. Vornehmlich ruinierten ihn jedoch die immensen Unterhaltszahlungen, zu denen er sich, um von seiner ersten Frau, Julie Wassermann-Speyer (1876–1963) loskommen zu können, in einer Scheidungsvereinbarung aus dem Jahre 1926 verpflichtet hatte. Knapp zwei Drittel seiner Einkünfte kamen ihr und den vier Kindern zu. Darüber hinaus strengte Julie, die sich ihrem früheren Ehemann immer zugetan fühlte, auch über seinen Tod hinaus und dann erst recht, fortwährend neue Prozesse gegen ihn an, als gälte es sein Glück. Die Zahl ihrer Anwälte betrug inzwischen etwa 35; meist obsiegte sie, und schließlich wußte sie zu bewirken, daß Wassermanns Konto bei S. Fischer gesperrt wurde. Nun hatte er zwar keine Einkünfte mehr, wußte aber doch, daß er mit seiner schriftstellerischen Arbeit vornehmlich das Geschäft der Rechtsanwälte seiner geschiedenen Frau finanziere. Mit seiner Arbeit für sich wurde er, je mehr er schrieb, ärmer. Julie Wassermann, unaufhaltbar wohl, hatte ihn auf ihre Weise bezwungen. Es konnte nur die Frage der Zeit sein, wann die Kontosperre wieder aufgehoben würde, und ein neuer großer Bucherfolg, dessen war Wassermann sicher, und so kalkulierte auch sein Verlag, müßte ihn binnen kürzester Frist aus seiner Misere befreien. Aber würden sich, falls der *Kerkhoven*-Roman erschiene, auch genügend Käufer finden? Konnte Wassermann noch auf das ›gebildete Bürgertum‹ rechnen, aus dem die meisten seiner Leser kamen, und auf die vielen jungen Leute, die ihn geradezu idolisiert hatten?

Nach der durch den nationalsozialistischen Terror schon nicht mehr regulär verlaufenen Reichstagswahl vom 6. März kapitulierte das Parlament am 24. März, nur die Sozialdemokraten stimmten gegen das sogenannte Ermächtigungsgesetz, die Kommunisten waren ohnehin schon ausgeschaltet; seit dem 13. März bereits gab es den Propagandaminister Goebbels; für den 1. April war zum Boykott der jüdischen Geschäfte aufgerufen; im Zuge der Gleichschaltung wurde aus der Sektion für Dichtkunst in der Preußischen Akademie der Künste bald eine ›Deutsche Akademie der Dichtung‹; dem Ausschluß aus der alten Akademie am 18. April war Wassermann am 29. März durch seinen Austritt zuvorgekommen; am 10. Mai warf man bei der von deutschen Studenten und Professoren pathetisch inszenierten Bücherverbrennung die Bücher der ›mißliebigsten‹ Autoren ins Feuer, Wassermanns Bücher zählten nicht dazu. Nachhaltiger aber als das Fanal wirkten bürokratische Maßnahmen. Am 16. Mai 1933 erschien im *Börsenblatt für den Deutschen Buchhandel*, dem offiziellen und internen Mitteilungs- und Werbeinstrument des gesamten deutschen Verlags- und Sortimentsbuchhandels also, unter der Überschrift »Prinzipielles zur Säuberung der öffentlichen Büchereien« ein Artikel, der eine erste und provisorische, ausdrücklich so genannte Schwarze Liste enthielt. Auf ihr figurierte Wassermann mit allen seinen

Werken. Damit waren seine Bücher noch nicht verboten, das geschah erst im Dezember 1933, auch dies nur vorläufig; aber der Name des Autors war gebrandmarkt.

Darüber sollte nicht vergessen werden, daß sich das *Börsenblatt* mit Eile und Eifer ›gleichgeschaltet‹ hatte. Ein vom »Gesamtvorstand« des Börsenvereins am 11. und 12. April beschlossenes, 10 Punkte umfassendes »Sofortprogramm des deutschen Buchhandels« wurde am 3. Mai im *Börsenblatt* veröffentlicht; der erste Satz lautet: »Der deutsche Buchhandel begrüßt die nationale Erhebung.« Dem folgen selbstbewußt vorgetragene Forderungen, die seiner ökonomischen Konsolidierung gelten – die andauernde Wirtschaftskrise hatte Verlage und Buchhändler in der Tat übel gebeutelt –, und der Preis, den man zu zahlen gewillt war, wurde als zehnter Punkt gleich mitgenannt: »In der Judenfrage vertraut sich der Vorstand der Führung der Reichsregierung an. Ihre Anordnungen wird er für seinen Einflußbereich ohne Vorbehalt durchführen.« Das war die Unterwerfung; Drohgebärde zugleich gegenüber den jüdischen Kollegen. Couragierte Verleger waren nun also vonnöten, tapfere Buchhändler, mutige Käufer – und Leser.

Für das Verständnis von Wassermanns Situation und der des S. Fischer Verlags ist aber noch dieses wichtig: 1921 war unter dem Titel *Mein Weg als Deutscher und Jude* Wassermanns erste, bittere und wenig zukunftsfrohe Autobiographie erschienen. Ende 1932 schloß er eine weitere autobiographische Arbeit ab, die *Selbstbetrachtungen*, die zu seinem 60. Geburtstag am 10. März 1933 veröffentlicht wurden. Ihr Schluß erschien als *Selbstschau am Ende des sechsten Jahrzehnts* gleichzeitig in der *Neuen Rundschau*, deren Märzheft Wassermann gewidmet war. Das erregte Aufsehen und Anstoß, denn noch einmal machte er sich mit einer vehementen Anklage den Antisemitismus zum Thema. »Und der Herd der Umtriebe«, schrieb er, »das Zentrum der Infektion, ist nach wie vor Deutschland! Das schmerzt. Dieses Land, dieses unvergleichliche Volk! Es ließe mich nicht ruhen, auch wenn ich kein Jude wäre; den Stachel würde ich nicht los, ich bin dessen sicher, den Vorwurf, den Gewissensruf, das Gefühl einer brandigen Wunde am Körper der Nation.« Dieser Satz diente dem Präsidenten der Akademie, Max von Schillings (1868–1933), denn auch als Anlaß für Wassermanns Ausschluß.

Gleich im Anschluß an die *Selbstbetrachtungen* hatte Wassermann eine Rede konzipiert, die die Folie abgibt für die Erzählungen des *Tagebuchs aus dem Winkel* –: *Meine Landschaft, äußere und innere* hat er sie genannt. Er wollte sie in Köln, Berlin, Frankfurt und möglicherweise noch weiteren deutschen Städten halten, meist vor jüdischen Gemeinden und Vereinen. Dazu kam es nicht mehr, denn abgesehen von einer kurzen Reise zu seinem Sohn Albert nach Heidelberg hat er den Boden des Deutschen Reiches, dessen Staatsbürger er doch war, nach dem 30. Januar nicht mehr betreten. Wassermann hielt die Rede, deren Text in diesem Band abgedruckt ist, am 19. März in Wien und am 30. Mai in Prag. Sie ist, wie er später schreibt, »eine Art verkappter geistiger Autobiographie und gipfelt in einer sachlichen wie auch persönlichen Auseinandersetzung über die Lage des jüdischen Schriftstellers, speziell die meine, in der gegenwärtigen Zeit.« (Am 14. August 1933 an Carl Seelig in Zürich.) Selbstverständlich wollte er die Rede auch gedruckt wissen, aber wo? Am liebsten natürlich wieder in der *Neuen Rundschau*, aber die glaubte er für sich nicht mehr offen; Eduard Korrodi, dem Feuilleton-Redaktor der *Neuen Zürcher Zeitung*, bot er sie am 25. März erfolglos an; Margarete Goldstein wollte sie gern für den *Morgen* haben, die Darmstädter *Monatsschrift der deutschen Juden*; aber er entschied sich schließlich, wohl auch der besseren Honorierung wegen, die Rede an Klaus Mann für das erste Heft der Exil-Zeitschrift *Die Sammlung* zu geben, die im September 1933 beim Querido Verlag zu erscheinen begann.

Dies hatte eine *Börsenblatt*-Erklärung der neu errichteten »Reichsstelle zur Förderung des deutschen Schrifttums« zur Folge, in der u. a. *Die Sammlung* und der nicht namentlich genannte »deutsche Verlag« einiger ihrer Mitarbeiter – also S. Fischer – aufs heftigste angegriffen wurden. Wie immer die Kompetenzen der Reichsstelle zu jener Zeit ausgesehen haben – der Bestand des Verlages mußte als ernstlich gefährdet erscheinen. Die Vorgänge hier in ihrer Komplexität darzustellen, würde zu weit führen; deswegen muß die Abbreviatur genügen, die der schwierigen Situation natürlich nicht ganz gerecht werden kann. Jedenfalls vermochte der Verlag Alfred Döblin, Thomas Mann und René Schickele – von ihnen waren Neuerscheinungen angekündigt – dazu zu bewegen, sich öffentlich von der *Samm-*

lung zu distanzieren. Die Bücher konnten erscheinen, aber das Ansehen des Verlags war, zumindest bei den emigrierten Schriftstellern, fürs erste ramponiert.

Jetzt ein Buch von Wassermann zu veröffentlichen, mußte für den Verlag ein schweres Risiko bedeuten. An Ernst Rowohlt, der seit langem mit Wassermann ins Geschäft hatte kommen wollen, schrieb dieser am 23. September 1933: »Ihr freundschaftlicher Vorwurf wegen der *Sammlung* ist unberechtigt. Wo hätte ich die Rede publizieren sollen? Der Herausgeber der *Neuen Rundschau* hat es nicht einmal für der Mühe wert gefunden, mich auch nur mit einer Zeile zur Mitarbeit einzuladen. So bin ich auf den Weg gedrängt worden, den ich gegangen bin.

Im S. Fischer Verlag hatte man wegen des *Kerkhoven*-Romans noch weitere Sorgen. Der Mittelteil des Romans, ein selbständiges Buch im Buch unter dem Titel *Ganna oder die Wahnwelt*, erzählt nichts anderes als die Geschichte von Wassermanns erster Ehe, aller Veränderungen ungeachtet, mit denen zu rechnen ist, wenn Leben in Literatur übersetzt wird. Ausführlich erzählt davon Peter de Mendelssohn in seinem Nachwort zu *Joseph Kerkhovens dritte Existenz*.

War nun, nachdem die von Julie Wassermann bewirkte Kontosperre aufgehoben war, womöglich zu befürchten, daß sie in ihrer prozeßfreudigen Umtriebigkeit neuerdings auf den Plan träte, um den Vertrieb des Buches zu unterbinden?

Natürlich hatte Wassermann inzwischen versucht, neue Verbindungen anzuknüpfen, um seiner finanziellen Bedrängnis zu entkommen. Schon am 24. März 1933 bat er wegen der Kontosperre seinen alten Verleger und Freund Samuel Fischer, ihm einen kleinen Novellenband, jenes *Tagebuch aus dem Winkel* nämlich, das nun ins Spiel kommt, für einen anderen Verlag freizugeben. Aber S. Fischer liebte solcherlei ›Seitensprünge‹ seiner Autoren durchaus nicht; deshalb wohl fügte Wassermann hinzu: »Das Büchlein hat ein so lokales und eng landschaftliches Gepräge, daß es für Deinen Verlag nicht einmal recht paßt. Es wäre mir mit der Freigabe sehr geholfen.« Doch der Verlag lehnte ab. Gleichwohl verhandelte Wassermann weiter, so mit Wieland Herzfelde, Rascher, Oprecht, Allert de Lange und anderen. Am 21. Juli jedoch schrieb er an Frau van Praag, die für Allert de Lange sich an ihn gewandt hatte, daß er den Novellenband nicht vor dem Roman erscheinen lassen wolle,

»da dies von feindlicher Seite allzu leicht als Verlegenheitspublikation ausgedeutet werden könnte, und ein Band so stiller Erzählungen, wie es die hier in Rede stehenden sind, keinen nennenswerten Erfolg für mich hätte. Und bloß um des Geldes willen werfe ich keine Bücher auf den Markt, auch dann nicht, wenn mir das Wasser bis zum Halse steht.«

Das *Tagebuch* bleibt im Kalkül, nun aber bei S. Fischer. Mit dem Verkauf zahlreicher Übersetzungsrechte am *Kerkhoven* war es Wassermann im Sommer gelungen, sich ein wenig Luft zu verschaffen, aber das bedeutete auch, daß die deutschsprachige Originalausgabe alsbald erscheinen mußte (ganz abgesehen davon, daß Wassermann dies dringend wünschte). Unverhofft kam weitere Hilfe von Fritz Helmut Landshoff, der kurz nach Hitlers Ernennung zum Reichskanzler Deutschland verlassen hatte. Seit 1926 war er Mitdirektor des Gustav Kiepenheuer Verlages gewesen, nun bot ihm der niederländische Verleger Emanuel Querido an, in seinem Verlag eine deutschsprachige Abteilung zu etablieren. Landshoffs Freunde und Kiepenheuer-Kollegen Hermann Kesten und Walter Landauer traten in ähnlicher Funktion bei Allert de Lange in Amsterdam ein; Querido und de Lange boten den Exilierten, die ›zuhaus‹ nicht mehr publizieren wollten und durften, Zuflucht – bis 1940, als die deutsche Wehrmacht Holland besetzte; Emanuel Querido und Walter Landauer wurden von den Deutschen deportiert und ermordet.

Wassermann und Landshoff, die einander bis 1933 nicht kannten, trafen sich, vermittelt wohl durch Klaus Mann, Anfang September in Zürich. Vorher hatte Wassermann mit Gottfried Bermann Fischer, S. Fischers Schwiegersohn, sprechen wollen, aber trotz seiner dringlichen Bitte ergab sich die Möglichkeit dazu nicht. S. Fischer selbst konnte seines Alters und einer zunehmenden Sklerose wegen an den Verlagsgeschäften nicht mehr kontinuierlich teilnehmen, so daß Gottfried Bermann Fischer, seit dem 1. Oktober 1925 im Verlag, immer mehr Kompetenzen zu übernehmen hatte, unterstützt dabei von Peter Suhrkamp, der dem Verlag seit dem 1. Januar 1932 angehörte. Wassermann war dem S. Fischer Verlag, wie erwähnt, bis Ende 1934 verpflichtet; er schloß mit Landshoff einen Vertrag über ein Buch ab, das er 1935 zu schreiben gedachte, einen Ahasver-Roman nämlich, schon seit 1927 geplant; schon – oder noch – im

Dezember 1933 machte er sich an die Arbeit. Auch der Plan eines ›Kaiserin Friedrich-Romans‹ war in den Kontrakt eingeschlossen. Landshoff zahlte ihm vorab die für die Zeit enorme Summe von 10000 Mark und gestand ihm das Rücktrittsrecht von dieser Abmachung zu, falls Wassermann und der S. Fischer Verlag wieder zu wirklicher Zusammenarbeit würden kommen können. Am 25. November nun trafen Bermann Fischer und Wassermann, der schon lange nicht mehr gesund war, in Wien zu einer Unterredung zusammen, die die Probleme klären sollte. Das gelang nicht. Wassermann übergab das Manuskript des *Kerkhoven* und nannte als äußerst möglichen Termin für eine Entscheidung des S. Fischer Verlags den 13. Dezember; er werde über Zürich zu einer Vortragsreise nach Holland fahren. In der Nacht vom 26. zum 27. November erlitt er einen schweren Anfall von Angina pectoris und mußte für zehn Tage ins Wiener Child-Spital, konnte die Ärzte aber überreden, ihn mit einer Zwischenstation in Zürich nach Holland reisen zu lassen. Am 13. Dezember erhielt Wassermann in Warmond einen Brief Bermann Fischers, in dem dieser mitteilen mußte, daß die endgültige Schwarze Liste, die er drei Tage zuvor vom Börsenverein erhalten, von Wassermann sechs Titel aufführe, darunter *Der Fall Maurizius* und *Etzel Andergast.* Man unternehme alles, um die Werke wieder freizubekommen. Suhrkamp sei zu Blunck, dem Präsidenten der ›Reichsschrifttumskammer‹, gefahren, Geheimrat Saenger habe beim Auswärtigen Amt interveniert, er selbst, Bermann Fischer, sei bei Gerhart Hauptmann in Agnetendorf gewesen (dieser nämlich hatte sich bei den neuen Machthabern beliebt gemacht und einige Monate zuvor erklärt, er werde, wenn man Jakob Wassermann verbiete, dagegen aufstehen). Ob all dies zu einem Erfolg führe, wisse er nicht. Der *Kerkhoven* jedenfalls müsse vorläufig zurückgestellt werden, Wassermann möge ihn aber auch keinem ausländischen Verlag übergeben. Statt dessen schlägt Bermann Fischer neuerdings vor, zunächst das *Tagebuch aus dem Winkel* zu publizieren, weil es »keine Angriffsflächen« biete und Wassermann als »deutschen Dichter« repräsentiere; zehntausend Exemplare würden »bei Erscheinen des Buches« vorab honoriert. Das hieß also: falls das Buch überhaupt erscheint und nicht vielmehr verboten wird. Wassermann war aus den erwähnten politischen Gründen nach wie vor dagegen, das *Tagebuch* zu diesem Zeitpunkt erscheinen zu lassen, war aber bereit einzulenken unter der Voraussetzung, daß der Verlag ihm ein Honorar von 2000 Mark sofort, also nicht erst bei Erscheinen, zahle. Bermann Fischer telegraphierte zurück, zunächst müsse er das Manuskript kennen. Dies war die Entscheidung. In einem siebzehnseitigen Brief vom 25. Dezember schildert Wassermann seinem Berliner Rechtsanwalt Nast die jüngste Entwicklung – »da ich ja keinen andern Menschen in Deutschland weiß, bei dem ich die wahre und schmerzliche Geschichte dieser Ereignisse deponieren könnte. Und sie an einer entscheidenden Stelle festzulegen halte ich für dringend wichtig.« Er resümiert:

> »In diesem Augenblick war die Entscheidung gefallen. Man machte die Zahlung eines Betrags von 2000 Mark von der Prüfung meiner Arbeit abhängig, so als ob ich ein Anfänger gewesen wäre und nicht ein Autor, durch den der Verlag S. Fischer im Verlauf von 35 Jahren große Geschäfte gemacht und dessen Stellung und Vermögen er mitbegründet hatte. Ich war also dem Verlag nicht einmal mehr das Wagnis von 2000 Mark wert. Der Verlag mußte schwerwiegende kaufmännische Gründe ha-

ben um so zu handeln. Der Verlag war offenkundig der Ansicht, daß ich in Deutschland ein verlorener Posten wäre. Diese Erwägungen spielten sich jenseits aller Gefühle und aller persönlichen Verletztheit ab, es waren rein sachliche Gründe, allerdings zwangsfälliger Art, die mich bestimmten, mein Werk einem ausländischen Verlag zu übergeben und damit meine Existenz zu retten. Drei Tage nach dem Eintreffen des Bermannschen Telegramms übergab ich den Kerkhovenroman in aller Form dem Verlag Querido.

Ich rekapituliere: es hätte den Verlag S. Fischer-Bermann am 14. Dezember 1933 zweitausend Mark gekostet, mich zu halten. Daß sowohl Dr. Bermann wie auch S. Fischer diese zweitausend Mark geopfert hätten, um mich an einer Entschließung zu verhindern, deren weittragende und schmerzliche Bedeutung ich nicht einen Augenblick verkannte habe, ist mir nicht zweifelhaft. Allein die Einflüsse, auf die ich hingewiesen habe, vereitelten diesen anscheinend so selbstverständlich naheliegenden und einfachen Schritt. Während man mir in der Zeit vor der Aufhebung der Sperre immerfort geschrieben hatte, man sei durchaus bereit,

mir zu helfen und mir in meinen verfahrenen finanziellen Umständen beizustehen, sobald die Sperre aufgehoben sei, war von einer solchen Hilfe nach Aufhebung der Sperre nicht blos keine Rede mehr, sondern man umging die Zahlung des verhältnismäßig geringen von mir geforderten Betrages, indem man mir die beschämende Bedingung stellte, zuerst müsse das Manuscript des Novellenbandes einer Prüfung unterzogen werden.
Ich denke, das ist eindeutig. Ich denke, es gehört nur ein Minimum von Stolz und Gefühl der eigenen Würde dazu, um hieraus die Konsequenzen zu ziehen. Ich hatte ein volles Jahr gewartet, geschwiegen, ausgeharrt und mehr erduldet als ein Mann meines Alters und meiner nun endgiltig zerstörten Gesundheit auf sich nehmen kann. In einem Lande, in dem fünf meiner Werke, darunter die wesentlichsten ›irrtümlich‹ (nach Angabe des Dr. Bermann in einem Brief vom 23. Dezember, der mich erreichte, nachdem ich mich bereits entschieden hatte, also zu spät) verboten und dann, in einem viel tieferen Sinne, irrtümlich wieder freigegeben werden (denn man hat sie freigegeben, weil der Verlag geschont werden

sollte und nicht weil Jakob Wassermann ein deutscher Schriftsteller ist), kann, zumindest in diesem Augenblick, keine geistige Heimstätte für mich sein, denn zum Begriff des Heims gehört Sicherheit und Geschütztheit.«

Am 27. Dezember schreibt Wassermann noch einmal an Gottfried Bermann Fischer, gibt auch ihm seine Darstellung der Entwicklung und nimmt Abschied. Eine Kopie dieses Briefes schickt er an Thomas Mann; den Durchschlag des Nast-Briefes wird Marta Wassermann nach seinem Tod an Gerhart Hauptmann schicken.

Wie es in Deutschland für Wassermann bestellt gewesen wäre, zeigen viele der Nekrologe. Am deutlichsten wird die »Berliner Börsen-Zeitung« (Nr. 1/2, Abendausgabe, 2. Januar 1934):

»Wassermann war einer der angesehensten Schriftsteller der November-Republik. Mit der deutschen Literatur hatte er so gut wie nichts zu tun. Seine Menschen waren passive Dulder, Gehetzte, Verfolgte und seelisch Entwurzelte. Das Schicksal seines jüdischen Volkes war ihm naturgemäß Weltbild. Bis vor kurzem glaubten weite Kreise des deutschen Volkes noch an eine absolute Literatur. Erst der Nationalsozialismus hat das deutsche Volk wieder gelehrt, daß es keine absolute Literatur, sondern nur Literaturen der Völker gibt. Wassermann hatte nichts mit solchen gefährlichen Zersetzern wie Feuchtwanger und Toller gemeinsam, aber er täuschte sich und uns doch die Möglichkeit einer abstrakten konstruierten Kultur vor und er analysierte in seinen Romanen ein Seelenleben, das niemals deutsches Seelenleben war. Darum mußten wir seine Romane leidenschaftlich ablehnen.«

Thomas Mann, den der Tod des Kollegen wie ein »Choc« getroffen hatte, wies René Schickele in einem Brief vom 8. Januar auf diesen ›Nachruf‹ hin: »Soll einen diese stinkende Idiotie nicht unter die Erde bringen? Sehen Sie es sich an: Es ist der deutsche Nekrolog für uns Alle. –« (Briefe I, 346 – Thomas Mann gab als Quelle versehentlich den kultivierten *Berliner Börsen-Courier* an, der mit dem 31. 12. 1933 sein Erscheinen hatte einstellen müssen; seither wird diese falsche Zuschreibung fortwährend wiederholt.)

Nach der Auflösung des Ausseer Hausstandes arbeitete Marta Wassermann-Karlweis (1889–1965) an der Biographie Wassermanns, die 1935 bei Querido erschien, und sie stellte die Texte für das *Tagebuch aus dem Winkel* zusammen. Die vier Erzählungen waren schon 1926 und 1927 in der *Neuen Freien Presse*, Wien, in der *Berliner Illustrirten Zeitung* und in Ullsteins mondäner Zeitschrift *Die Dame* erschienen. Die Aufsätze des zweiten Teiles hat Wassermann 1931 als Nachrichten aus Deutschland für amerikanische Zeitungsleser geschrieben, daher wohl der etwas anders gestimmte, leicht lehrhafte Ton. *Meine Einsamkeit* ist ein Stück aus den *Selbstbetrachtungen* und erschien vorab in der Osternummer 1932 der *Neuen Freien Presse*. Die Landschaftsrede haben wir in diesem Neudruck als spätestes Zeugnis an den Schluß gestellt, auch weil sie zeigt, daß Wassermann alles andere als ein ›Winkelbewohner‹ war.

Das in der Rede erwähnte »Landschaftstagebuch« hat es in einem wortwörtlichen Sinne wohl nie gegeben; zumindest ist es nicht erhalten. Wohl fand sich im Nachlaß eine Reihe von Blättern mit stichwortartigen Notizen für weitere Erzählungen, die vermutlich auch keine Idyllen geworden wären – wie etwa

Das verkommene Wirtshaus
der Rutengänger
die Dorfklatsche

die Schneider-Ella
die Totengräberin in Hallstadt
die schöne Julie

Und wer weiß, ob eine auserzählte Geschichte die Drastik der folgenden Notiz erreicht hätte:

Der Berg:
Er hockt da schaut
sich um und verspeist
fette kleine Spaziergänger.

Durch ein Stück Literatur übrigens war Wassermann seinerzeit auf Altaussee aufmerksam geworden, *Das Dorf im Gebirge* hieß es, eine Prosaskizze von Loris, Hugo von Hofmannsthal also, erschienen am 21. November 1896 in Albert Langens *Simplicissimus*, dessen Redakteur Jakob Wassermann war, bis er 1898 nach Wien zog. Dort traf er Hofmannsthal auch persönlich, aber Freundschaft zwischen beiden entwickelte sich erst allmählich in Aussee, der Sommerfrische vieler (und nicht nur Wiener) Schriftsteller damals, einem heimlichen Zentrum von Literatur und Kunst. Für Wassermann, den es immer wieder in die großen Städte zog, vor allem nach Berlin, wurde Altaussee, wie bekannt, zu einem Zufluchtsort – »und lebte ich nicht hier im letzten Winkel der Welt«, schrieb er am 21. November 1929, wenige Monate nach Hugos Tod, an Gerty von Hofmannsthal, »so könnte ich längst nicht mehr standhalten«. Das klingt reichlich pathetisch, entsprach aber vermutlich Wassermanns Lebensgefühl. Selbst in Aussee, das auch etwas von einer Falle hat (dahinter gibt es scheinbar nur das ›Tote Gebirge‹), fand er sich nicht immer geborgen – wohl aber vielleicht *In einer anderen Welt* (so heißt ein später Prosatext, der ins *Tagebuch aus dem Winkel* gehören könnte) als unbeobachteter Beobachter:

> I
>
> In Nürnberg ist ein Kirchhof, der Johanniskirchhof, der mit den berühmten liegenden Grabsteinen und den Krafft'schen Stationen; dort habe ich als ganz junger Mensch viele einsame Stunden verbracht, denn wenn es mir damals schlecht ging, suchte ich immer die Nähe der Toten, und ein ergreifenderer Totenort ist nicht leicht zu finden in der Welt.
>
> II
>
> In Rom gibt es unweit der Kirche St. Pietro in Vincoli eine marmorne Treppe, die zu einem

entlegenen Gäßchen hinaufführt. Auf der Treppe bin ich oftmals gesessen und habe Jahrtausende an mir vorüberziehen sehen. Es war ein richtiger Zaubersitz. Sobald ich mich dort niederließ, war alle Gegenwart ein Traum und alle Vergangenheit wahrer als der gegenwärtige Tag.

III

In meiner Landschaft hier ist eine Hochwiese, die Bartelwiese genannt, umgeben von mächti gen Tannen und einem Buchenstand, und wenn man talabwärts schaut, hat man den strahlenden Gletscher vor sich. Dorthin flüchtete ich schon vor dreißig Jahren, wenn mir die Welt zu nah an den Leib rückte. Ich war dann auf einmal auf einem andern Planeten.

(Die literarische Welt, 15. Juli 1932, S. 4)

Köln/Marbach a. N., im Oktober 1986

Dierk Rodewald

Die Entwürfe zum »Tagebuch aus dem Winkel« finden sich im Wassermann-Nachlaß des Deutschen Literaturarchivs, Marbach a. N., Zitate aus Wassermanns Briefen folgen den dort aufbewahrten Durchschlägen; der Bericht an Nast (der den angeführten Brief Gottfried Bermann Fischers enthält) wird nach dem in der Staatsbibliothek Preußischer Kulturbesitz Berlin befindlichen Durchschlag zitiert (GH Br NL J. Wassermann). Beiden Instituten gilt freundlicher Dank.

Jakob Wassermann bei Langen Müller

Caspar Hauser
oder
Die Trägheit des Herzens
Roman
Mit einem Nachwort von Golo Mann
392 Seiten · Leinen

Der Fall Maurizius
Roman
Mit einem Nachwort von Peter de Mendelssohn
564 Seiten · Leinen

Joseph Kerkhovens dritte Existenz
Roman
Mit einem Nachwort von Peter de Mendelssohn
560 Seiten · Leinen

Schläfst du, Mutter?
Meistererzählungen
Mit einem Nachwort von Charles Wassermann
348 Seiten · Leinen

Jakob Wassermann
Deutscher und Jude
Reden und Schriften 1904–1933
Hrsg. und mit einem Kommentar
versehen von Dierk Rodewald
Mit einem Geleitwort von Hilde Spiel
(Veröffentlichungen der Deutschen Akademie
für Sprache und Dichtung, Bd. 57.)
Heidelberg: Lambert Schneider 1984
296 Seiten · Leinen

Jakob Wassermann
1873–1934
Ein Weg als Deutscher und Jude
Lesebuch zu einer Ausstellung
In Verbindung mit dem Deutschen Literaturarchiv
Marbach a. N. hrsg. von Dierk Rodewald
(Schriften des Arbeitskreises Selbständiger
Kultur-Institute, Bd. 3.) Bonn: Bouvier 1984
152 Seiten · broschiert